Tu mejor amiga eres tú

CRIS BLANCO

Tu mejor amiga eres tú

Cómo aprendí a aceptarme, quererme y dejar de sufrir

HarperCollins

Editado por HarperCollins Ibérica, S. A.
Avenida de Burgos, 8B - Planta 18
28036 Madrid

Tu mejor amiga eres tú: Cómo aprendí a aceptarme, quererme y dejar de sufrir
© 2024, Cristina Blanco Fernández
© 2024, para esta edición HarperCollins Ibérica, S. A.

Diseño de cubierta: María Pitironte
Ilustración de cubierta: Shutterstock
Foto de solapa: Facilitada por la autora
Diseño y maquetación de interiores: Raquel Cañas

ISBN: 978-84-10021-29-7
Depósito legal: M-32014-2023

A mi familia, por sostenerme siempre que sentía que flaqueaba.

A él, por enseñarme lo que es querer y que te quieran de verdad.

A mis amigas, por aceptarme y quererme tal y como soy.

A ti, por confiar en mis palabras para que te acompañen.

Y a mí misma, aunque nunca me lo diga, por luchar por aquello en lo que creo aunque sea contra viento y marea.

Índice

SENTIR QUE NO ERES SUFICIENTE

ensar que tu perfeccionismo es tu peor enemigo, que eres un fracaso por tener ansiedad y pensamientos intrusivos, por solo saber relacionarte de manera tóxica, por obsesionarte con tu físico y la autoimagen, por tener la sensación de no encajar con las personas de tu entorno, por no saber qué hacer con tu vida... ¿Te suena? Si la respuesta es sí, entonces este libro es para ti.

Siempre he tenido la sensación de que las cosas que pensaba o sentía solo me ocurrían a mí, y eso me hacía sufrir mucho. La vida puede ser una auténtica montaña rusa, llena de sorpresas, de subidas y de bajadas, de emociones fuertes que muchas veces no sabemos cómo gestionar —tampoco nadie nos enseña a hacerlo— y, al final, todo ello nos acaba estallando en la cara.

Durante años he hecho lo posible por ser la niña perfecta, un ejemplo. Trataba de cumplir con unos cánones del todo inalcanzables, tenía un enorme miedo a decepcionar, y sin darme cuenta iba añadiendo cada vez más presión, presión que poco a poco fue haciendo mella en mi interior y que terminó por destruirme emocionalmente.

Asimismo, en mi corta vida, he tenido la oportunidad de vivir distintas relaciones tanto de pareja como de amistad, que, si bien me han hecho mucho daño, también me han permitido entender que la manera que tenía de relacionarme con los demás quizás no era la más adecuada. En estas relaciones reflejaba mis inseguridades con muchas actitudes que podrían considerarse como tóxicas, aunque en su momento era incapaz de verlo así.

> Los celos, la dependencia y el control son los peores enemigos en una relación.

Y eso me tocó aprenderlo de golpe. Supongo que ser una persona altamente sensible tampoco me ayudó a saber regular bien mis emociones. Siempre he considerado que ser sensible era un defecto, o, más bien, sinónimo de ser débil, y durante años lo he sentido como una de mis mayores inseguridades. Aún sigo en el proceso de comprender y aceptar mi sensibilidad, empezar a verla como un rasgo más de mi personalidad, que si bien me hace sentir todo con mayor intensidad —tanto lo bueno como lo malo—, me permite al mismo tiempo apreciar los pequeños detalles de la vida, ser más creativa y conectar mejor con los demás.

Este cúmulo de autoexigencias, perfeccionismo, creencias limitantes y relaciones tóxicas hicieron que todo explotara en forma de la tan temida ansiedad. Creo que siempre la tuve, simplemente estuvo silenciada hasta que estas situaciones me sobrepasaron y ya no pude controlarla más.

Podría decir que lo que parecía lo peor que me había pasado, en realidad fue una nueva puerta que se me estaba abriendo. Tanto mi cuerpo como mi mente me decían: «No puedo más, esto tiene que cambiar», y como bien se dice, una vez que tocas fondo, ya solo queda ir para arriba, y es lo que hice.

Me llevó bastante tiempo, terapia y lloraditas empezar a desmontar esas creencias limitantes que tenía tanto sobre mí misma como sobre el mundo que me rodeaba, y he de reconocer que todavía sigo en ese proceso. De hecho, creo que siempre estaré en este proceso. Aún me quedan cantidad de cosas por entender y por vivir, pero, entre tanto, aprender a aceptar lo que pienso, siento y soy me ha dado una libertad que jamás pensé alcanzar.

¿Cómo algo que suena tan simple te puede cambiar radicalmente el presente y el futuro?

En efecto, parece fácil, pero no lo es, ya que durante toda la vida nos obligamos a reprimir las emociones, intentamos controlar los pensamientos. En definitiva, nos entrenamos para ser unos robots andantes, cuerpos sin alma que vagan por este mundo haciendo lo que deben, tratando de complacer los deseos de todos menos los suyos, ¿cómo no vamos a estallar en un momento dado?

Para mí fue un auténtico despertar aceptar esta vulnerabilidad, que como seres humanos nos caracteriza, dejar de renegar de quién era en realidad, y, sobre todo, entender que, aunque yo no podía controlar mis pensamientos ni mis emociones, sí que estaba en mi mano decidir cuál era mi respuesta a ellos. Quién me iba a decir que reconocer mi vulnerabilidad sería, precisamente, lo que me haría tener éxito. Y entiéndase éxito como la felicidad de poder dedicarme a aquello que me apasiona, cumplir muchos de mis sueños, saber que con ello estoy generando un impacto positivo en cientos de personas y conexiones reales con las mismas.

Siendo consciente de todo el camino que me queda por recorrer, todo lo que me queda por vivir y todas las lecciones que aún debo aprender, expresarme y contar mi verdad me resulta tremendamente terapéutico, y por eso hoy escribo estas páginas que espero te acompañen como si de una charla entre amigas se tratara.

1

LA AUTOEXIGENCIA: MI PEOR ENEMIGA

Creo que no existe mejor manera de comenzar el libro que con el origen de lo que ha sido el noventa por ciento de todos mis males emocionales: el perfeccionismo y la autoexigencia. En otras palabras: mi pensamiento de blanco o negro. De todo o nada. De cien o cero.

El profundo convencimiento de que nunca era suficiente, que siempre había que hacer un poquito más e, incluso, que no debía celebrar ni alegrarme por mis logros en los cuales tanto tiempo y esfuerzo había invertido, ya que eran mi deber, es «lo que tenía que hacer», y, automáticamente, sin tiempo ni siquiera para asimilar lo sucedido, debía continuar haciendo cosas productivas, cumpliendo metas, persiguiendo objetivos. Si lograba, por ejemplo, sacar muy buenas notas en los exámenes, no era motivo de celebración, era tan solo cumplir con mi obligación. Y por mucho que me hubiera costado sangre, sudor y lágrimas sacarlos adelante, no sentía apenas gratificación, sino que era una sensación de indiferencia espectacular que hacía que pasara a centrarme en el próximo objetivo que cumplir.

Cuando intento buscar la raíz de todo esto, una de mis mayores preocupaciones desde muy pequeña es no decepcionar a los demás, actuar de forma «correcta», y eso me ha hecho tener un enorme sentido de la responsabilidad y una manera de pensar extremadamente rígida y exigente. ¿Sabes estos caballos que van con unas orejeras a los lados, para que tengan una visión de túnel, que les impiden distraerse y tengan claro por dónde deben seguir su camino? Pues yo he sido exactamente así toda mi vida.

Desde niños observamos lo que sucede en el mundo adulto, todos los problemas y malestares que existen, por lo que no queremos añadir más leña al fuego y, por lo tanto, nos obligamos a ser pequeños seres perfectos para no generar más inconvenientes a esas personas que tanto queremos y admiramos, o al menos eso es lo que me sucedía a mí.

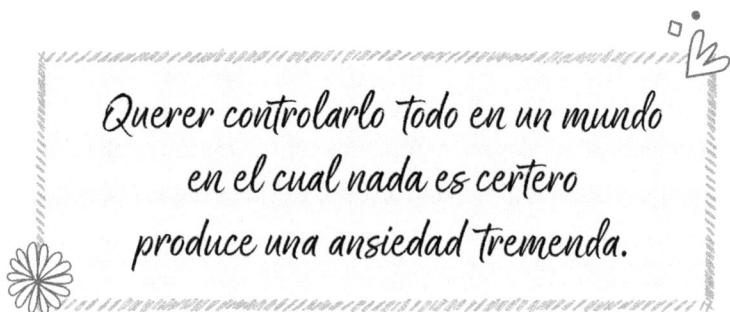

Querer controlarlo todo en un mundo en el cual nada es certero produce una ansiedad tremenda.

Es vivir constantemente tratando de mantener bajo control multitud de factores y circunstancias que se nos escapan.

Siempre he creído que mi cabeza era como una especie de sargento que se pasaba el día dándome órdenes, obviando por completo cómo me sentía. No suspendas, tienes que estar delgada para estar guapa, di que sí a todo para no decepcionar a nadie, tienes que ser popular, ser la mejor amiga que todo el mundo desearía tener, ser la mejor hija, la mejor estudiante, la mejor novia, debes estudiar una carrera universitaria que enorgullezca a los demás, dar tu cien por cien en todo, tener las cosas siempre superclaras, demostrar entereza... Toda la vida repitiéndome estos mantras, fustigándome y hablándome como si fuera mi peor enemiga, mi peor profesora o mi peor jefe.

Poco a poco esto fue haciendo mella en mí, y, por supuesto, en mi salud mental. A veces, cuando miro hacia atrás, me gustaría abrazar a esa niña y decirle que no sea tan dura consigo misma, que no tenga tanto miedo, que no se exija de esa manera, que no merece la pena ni va a ser bueno para ella. Pero supongo que todo lo que ocurrió también me ha convertido en quien yo soy hoy, y es algo por lo que debía pasar para crecer y aprender.

Permitirme el más mínimo margen de error era igual que fracasar. Tenía que ser la mejor siempre, en todo. Y recuerdo perfectamente que mi psicóloga, cuando años después comencé a ir a terapia, una de las primeras cosas que me dijo fue:

—Cris, debes seleccionar aquello que realmente valoras y priorizarlo para intentar invertir tu mayor atención y tiempo. En eso serás un ocho o un nueve, pero habrá otros aspectos en los que seas un cinco o un seis, y está bien. Si intentas ser un diez en todo, al final acabarás desplomándote al cero, porque no hay manera de que tu mente ni tu cuerpo puedan aguantar ese nivel de presión.

Asume que no puedes ser un diez en todos los aspectos de tu vida.

Sus palabras consiguieron abrirme los ojos. Parecía muy simple, pero no lo era, porque llevaba desde que tenía uso de razón con una programación de pensamiento rígida y cerrada.

A veces nos hace falta tocar fondo para darnos cuenta de que el nivel de presión que nos estábamos poniendo es completamente insostenible. Y eso es justo lo que me pasó a mí. El resultado de toda esa autoexigencia acabó derivando en una ansiedad de caballo, pero no quiero anticiparme, ya que todo esto te lo cuento con mucho más detalle más adelante.

Lo que sí he aprendido es que no somos máquinas perfectas. Aunque a veces sintamos que el ritmo del mundo y de lo que nos rodea nos lo exige, no lo somos. Al final, y como dice mi madre, no somos más que saquitos de química, personitas llenas de sentimientos y emociones, no robots. No podemos llegar a todo siempre, no podemos caer bien a todo el mundo, no podemos tener siempre el mejor humor, no podemos pretender no cometer ningún error jamás... Es imposible. Cuando interiorizas esto y lo aceptas, sientes una liberación enorme, aunque al principio cueste.

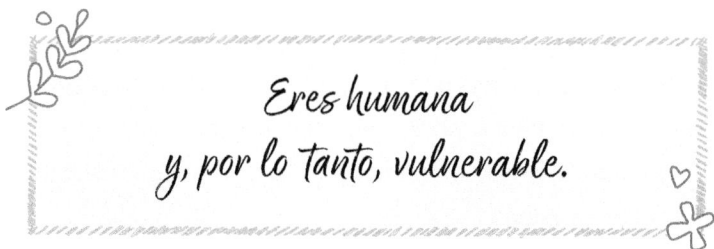

Eres humana
y, por lo tanto, vulnerable.

Y eso no es malo, es innato a nuestra condición, no tenemos por qué huir de esa vulnerabilidad, eso solo nos hace daño. Y lo mejor de todo: el mundo no se va a acabar si somos un poco «imperfectas».

Ahora sé que la gente no me va a dejar de querer, no voy a dejar de perseguir mis metas y tampoco me voy a morir. Más bien todo lo contrario, ya que cuando reconozco esa vulnerabilidad, dejo de poner tanta presión sobre mí y me permito fluir más, y, por ende, ser más yo y mucho más feliz.

La próxima vez que pienses en exigirte tanto y en fustigarte de alguna manera, pregúntate si le hablarías así a una buena amiga que está haciéndolo lo mejor que sabe, que está dando todo de sí, que se esfuerza día a día en vivir la vida como puede. No lo harías, ¿verdad? Pues tampoco lo hagas contigo, porque, en definitiva, tu mejor amiga eres tú.

Querida amiga:

Invierte tu atención y tiempo
en las cosas que valoras.

Acepta que no puedes caer
bien a todo el mundo.

Háblate como le hablarías a tu mejor amiga.
Al final, te vas a acompañar a ti misma
hasta el último día de tu vida.

2

CUANTOS MÁS AMIGOS, ¿MEJOR?

ara mí, la amistad ha sido y es un sentimiento y un valor fundamental en mi vida, uno de los grandes pilares que me sostienen. Siempre le he dado importancia a tener muchos amigos, a encajar con los demás, a sentirme muy querida y aceptada por ellos. Por lo tanto, mi filosofía era algo así como «cuantos más, mejor, y a ser posible ser la amiga especial de todos y cada uno». Superrealista, ¿verdad? —Nótese la ironía—. Muy relacionado con la autoexigencia de la que hablaba antes.

Jamás supe diferenciar entre amigo y colega. Todos eran superamigos. Si estabas en mi círculo, eras como parte de mi familia e iba a darlo todo por ti. Un poco intensita, en mi línea. El problema surgía cuando esperaba que las personas a las que entregaba todo me devolvieran lo que yo les había dado. ¿Entonces daba para recibir? Sinceramente, puede ser. Supongo que a todos nos gusta recibir una «recompensa» por aquello que damos, y en este caso era en forma de amor y amistad.

Que sí, que el amor debe darse de manera desinteresada, pero, siendo realistas, esto es muy difícil de aplicar en la vida real. A nadie le gusta darlo todo por alguien que no da ni un tercio por ti; de hecho, es muy raro que una relación así pueda funcionar. Lo que está claro es que tampoco debes llegar al extremo en el cual todo lo que hagas por esas personas sea para que te lo devuelvan con la misma moneda, porque entonces no buscas generar vínculos ni conexiones, tan solo aprobación, aceptación y reconocimiento, y eso es muy peligroso, pues significa que el amor que te falta lo estás buscando fuera, y este resulta no ser nunca suficiente.

Al mismo tiempo, querer conseguir a toda costa la aprobación de otras personas —en este caso, en las amistades— hace que no tengas filtro e incluso que aguantes ciertas actitudes que no tendrías por qué soportar simplemente por «no quedarte sola». Es tal el pánico a la soledad y a no encajar que te fuerzas a estar con personas y en situaciones que en verdad no te agradan y no van en la línea con lo que tú eres.

Más de una vez me he visto a las cinco de la madrugada en una discoteca, rodeada de gente que, por los efectos del alcohol, no sabía ni quién era, pensando: «Dios mío, ojalá estuviera en casa. Quién me manda a mí venir aquí», pero quedándome porque no quería ser la aguafiestas ni tampoco que no me volvieran a llamar para salir con ellos. En definitiva, el miedo a la soledad hacía que me involucrara en situaciones en las que realmente no quería estar por voluntad propia, lo que me convertía en una persona complaciente y carente de personalidad.

Deja de esperar que los demás actúen como tú lo harías.

Todavía hoy tiendo a dar el cien por cien por todos mis amigos, incluso por aquellos a los que conozco desde hace poco tiempo. Sigo cometiendo el enorme error de confiar demasiado rápido en la gente y asumir que si hemos congeniado, entonces eso significa que nos debemos cierta «lealtad». Esto ha hecho que me lleve bastantes decepciones, porque la realidad es que no, no todo el mundo va a actuar como yo, ni siquiera las personas a las que creo conocer como la palma de mi mano.

Los amigos que piensas que conoces también pueden sorprenderte y reaccionar de manera diferente a la que esperas.

Con los años —y después de varios golpes— he entendido que cada ser humano actúa y piensa de forma muy distinta. Lo que para mí puede suponer una traición, para ti puede que no te sea «para tanto», y eso duele. Desde luego que duele. También soy consciente de que yo, con mi manera de comportarme, habré decepcionado a otros.

No olvides que nadie se libra de cometer errores.

Incluso las personas que más te quieren te hacen mal, y no tiene por qué ser de forma intencionada, pues ellas obran del modo que creen correcto, que no tiene por qué ser igual al tuyo. Claro que ver esto en el momento en el que consideras que te han «traicionado» es tremendamente difícil. Asimismo, no todo el mundo está dispuesto a dar el amor y la lealtad que tú das, y eso no los hace peores, tan solo tú esperas algo que no son capaces de entregarte, bien porque no tienen esa manera de ver la amistad, bien porque su forma de ser se lo impide.

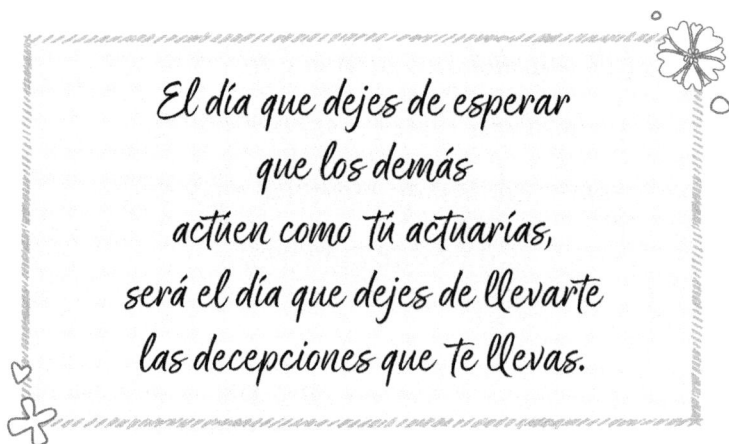

El día que dejes de esperar que los demás actúen como tú actuarías, será el día que dejes de llevarte las decepciones que te llevas.

Para no volver a decepcionarme con las personas en cuestión, comencé a «tomar nota». Y tomar nota no en el sentido de «te voy a guardar rencor para el resto de mi vida y te lo voy a reprochar como si no hubiera un mañana». No, tomar nota en el sentido de «ya sé cómo actúas ante esta clase de situaciones, ya sé cómo es tu personalidad y, por lo tanto, lo que puedo y no puedo esperar de ti».

Querida amiga:

Tus amigos no pueden ser todo lo que tú quisieras ni pensar o ACTUAR como a ti te gustaría. Quiérelos por lo que te aportan.

No busques la aprobación ni el reconocimiento de los demás. Que te quieran por lo que eres y no por lo que estás dispuesta a dar.

Si alguien a quien quieres te ha decepcionado, no le guardes rencor porque no haya actuado como tú lo harías. Simplemente toma nota para que no vuelva a defraudarte.

3

PERDER AMISTADES

Siempre he tenido la terrible creencia de que tener muchos amigos era igual a no estar sola, y, madre mía, ¡qué equivocada estaba!

La etapa en la que viví más rodeada de «amigos» fue en la que más sola me sentí, y por una simple razón: con esas personas no podía ser yo misma. ¿Cómo no me iba a sentir sola cuando la gente que tenía al lado realmente no me conocía? Conocían la versión de mí que yo les estaba mostrando, una versión cohibida, complaciente y llena de inseguridades. Una versión que lo único que buscaba y anhelaba era su aprobación. No los dejaba ver quién era en verdad por miedo a ser juzgada, por miedo a perder eso que tanto valoraba: las amistades, el sentirme querida y el encajar. Pero esa no era yo.

Si quieres un consejo, no te comportes como yo lo hice. No te estarán queriendo a ti y, por lo tanto, tu verdadero yo se sentirá más solo todavía. Porque serás aún más consciente de que, a pesar de que estás rodeada de un montón de personas, te seguirás sintiendo sola.

Con el paso de los años he perdido muchas amistades. Las circunstancias han sido múltiples, aunque mi cerebro siempre tiende a hacerme pensar que todo fue por mi culpa, pues ser tan «intensita» no juega a mi favor. Como he dicho, si los demás no actuaban como yo lo hubiera hecho, lo consideraba una falta de lealtad, por lo que no era capaz de gestionar esa frustración y eso derivaba en discusiones que daban lugar a rupturas.

Supongo que en ocasiones habré sido yo la culpable de estas amistades rotas, pero lo cierto es que poco a poco he ido comprendiendo que, aunque sea tremendamente triste, los amigos también se distancian, incluso aquellos que un día fueron como hermanos pueden pasar a ser completos desconocidos.

Considero que no se habla mucho de las rupturas de amistad, como si estas no dolieran, cuando en numerosas situaciones pueden romperte el corazón. No dejan de ser personas que han formado parte de tu vida y con las que has generado un vínculo, por lo que pueden llegar a ser incluso más dolorosas que las tan sonadas rupturas de pareja, pues lo cierto es que el dolor no responde a etiquetas de ningún tipo.

Acepta que la gente va y viene en tu vida, y que a veces lo único que te une con ciertas personas son las circunstancias.

En el momento en el que esas circunstancias desaparecen —el colegio, el trabajo, el campamento...—, también lo hace poco a poco el vínculo que te unía con ellas. Es inútil machacarte tratando de encontrar un culpable o analizar qué has podido hacer mal para que esa amistad terminara cuando, simplemente, la vida ha seguido su curso y eso no es culpa de nadie.

La filosofía que me ayuda a superar estas rupturas, que a veces tanto duelen, es pensar que si esas personas aparecieron, fue porque tenían una lección que dejarme o porque, sencillamente, en ese momento de mi vida tenía sentido que estuvieran en ella. Yo siempre pienso que todo pasa por algo, igual es un consuelo de tontos, pero más tonto sería martirizarme por cosas que no puedo controlar.

Tener cada vez menos amigos me generaba desasosiego y cierto malestar, ya que aún seguía con la programación mental de que para ser feliz necesitaba tener muchas relaciones de amistad. Además, las redes sociales no ayudaron. Quedarme un viernes por la noche en casa, y no porque quisiera, sino porque no tenía con quién salir, mientras veía en el móvil a la gente haciendo «planazos» puede parecer una tontería, pero a mí me hizo llorar en muchas ocasiones. Me sentía el bicho raro, la que no encajaba en la sociedad ni en la juventud.

En mi interior se libraba una constante batalla: por una parte no me gustaba salir de fiesta ni beber alcohol, y esos eran los planes que estaban haciendo mi grupo de amigos en aquel entonces, por lo que empecé a tener la madurez suficiente para imponerme y decir que «no» a aquellos que no me apetecían, a pesar de la presión social que sentía, pero al mismo tiempo tampoco quería quedarme en casa sola, ya que a mí me encanta socializar. Por otra parte me hubiera gustado hacer planes diferentes que no implicaran discotecas y borrachera: ir a dar un paseo, hacer un picnic, visitar un museo... Entonces, ¿me quedaba viendo cómo todo el mundo lo pasaba fenomenal, pero priorizando mi forma de ser, o me forzaba a ir a sitios que no me gustaban únicamente para no tener que soportar la incomodidad de quedarme sola un fin de semana entre cuatro paredes?

De alguna manera yo sabía que estaba tomando la decisión correcta. Me estaba priorizando a mí, a mis gustos y a mis valores, pero al mismo tiempo me dolía mucho aceptar esta soledad que venía de la mano de empezar a poner mis límites y ser quien yo realmente era. Lo que no sabía es que esa «soledad» iba a ser crucial en mi proceso y evolución como persona.

Querida amiga:

Cada persona que pasa por tu vida
te deja una lección, algo que aprender
de lo vivido con ella, aunque luego
esa amistad no perdure.

En las amistades más vale calidad
que cantidad. Tener más «amigos» no
necesariamente es sentirte menos sola.

Las amistades cambian, mutan e incluso
terminan. Un día sucede y esa persona deja
de formar parte de tu vida. Aceptarlo te
ayuda a crecer.

4

AMIGAS DE VERDAD

Ya he dicho que tengo pocos amigos, y que me costó asumir la nueva situación. Ahora me doy cuenta, ¿era necesario en realidad tener planes constantemente y salir de fiesta para ser feliz? ¿O tan solo sentía esta presión porque era lo que estaba establecido «que debía hacer al ser joven?».

Empecé a cuestionarme estas creencias y me propuse disfrutar de tiempo a solas. Y en vez de estar como una obsesa entrando cada dos minutos en las redes sociales para ver cómo todo el mundo «era superfeliz con sus planes» —nota: muchos de ellos ni siquiera se lo estaban pasando tan bien como parecía—, iba a hacer cosas que a mí me divirtieran.

Poco a poco aprendí a disfrutar de esta soledad, empecé a descubrir qué me inspiraba y me hacía sentir realizada: cantar, maquillarme, escribir pensamientos, grabar vídeos... También aprendí a tener «citas» conmigo misma.

> ¿Por qué tienes que quedarte en casa un sábado si lo que te apetece es salir? ¿Por qué tienes que depender de alguien para hacer planes?

Eso se iba a acabar. Comencé a hacer lo que siempre me había dado tanto pánico: ir a restaurantes sola, ir a dar paseos sola, ir de compras sola… Todos esos planes que siempre había hecho con alguien, sobre todo por miedo a ser juzgada, y descubrí lo maravillosa que podía ser mi propia compañía.

Las únicas personas que fueron quedando en este proceso fueron las que hoy considero mis amigas del alma. Y digo amigas porque la gran mayoría de ellas son mujeres. Y son cuatro contadas. Aquellas que fueron capaces de aceptar mi forma de ser, a las que no les importaba que no me gustara salir de fiesta, beber alcohol y seguir la corriente. Ellas me aceptaban igual. Yo recuerdo alucinar. Resulta que había gente que me quería por quien yo era realmente, sin necesidad de ponerme una careta, sin tener que hacer malabares por encajar. *Wow*. Ahí me di cuenta de lo que era una amiga de verdad.

> *Una verdadera amiga es aquella que decide caminar contigo de la mano, aceptando tu forma de ser, sin intentar moldearte a su gusto.*

Una amiga de verdad disfruta de tu compañía, no te juzga, no te pone a prueba, no te exige ser quien no eres, respeta tus límites y te impulsa a ser tu mejor versión. ¡Y qué poquitas hay de esas!

Decidí que en vez de dispersar mi tiempo, atención, cariño y energía en cien personas que no me aportaban, iba a focalizar todo esto en aquellas que sí merecían la pena. Y sorpresa: me sentí menos sola que nunca.

Ya no me daba ansiedad ni tenía miedo a quedarme sola, por lo que cada vez que decidía compartir momentos con alguien era porque me encantaba estar con esa persona y sentía que aportaba algo a mi vida, y no por necesidad.

Empecé a ser más selectiva con a quien entregaba todo —o casi todo— de mí y aprendí a poner límites y a priorizarme. Entendí que no había nada más valioso que tener amigos de calidad, aunque no fueran muchos, y me rodeé de aquellos con los que podía ser yo misma, con los que no tenía miedo a expresar mis ideas y sentimientos, porque sabía que me querían de corazón y no por interés ni para pasar el rato.

> *Gente con la que echarte*
> *unas risas hay mucha.*
> *Amigos de verdad, muy pocos.*

Llegar a esta conclusión que parece tan sencilla fue fundamental. Eso me hizo darme cuenta de que no podía esperar lo mismo de todo el mundo y de que debía dejar de tener las expectativas tan altas respecto de los demás.

Querida amiga:

Tus verdaderas amigas te querrán por quien realmente eres, no necesitarás ponerte una careta o ser alguien que no eres para que te quieran.

Cuando aprendes a estar a gusto con tu propia compañía, dejas de conformarte y elijes mejor con quien compartir tu vida.

No todo el mundo tiene por qué ser tu amigo o amiga del alma. Hay personas que son colegas, compañeros, gente con la que pasarlo bien, y no tienes por qué desvivirte por ellas.

5

EL ARTE
DE SER SENSIBLE

Ser sensible ha sido uno de los principales rasgos de mi personalidad desde bien pequeña. Una niña muy alegre a la vez que preocupona, de lágrima fácil, pero de risa fácil también. Muy cariñosa y entusiasta, pero al mismo tiempo miedosa y susceptible. Todo me ha afectado más de lo «normal». Incluso cosas tan básicas como los sonidos, las luces, los colores, los olores... los he percibido de manera superintensa, al punto de, muchas veces, llegar a abrumarme.

He llorado de forma desconsolada con canciones, con películas, con las palabras de alguien a quien quería, con situaciones tremendamente cotidianas o caminando sola por la calle. Siempre sentía que tenía la capacidad de captar ciertos matices que al resto se le pasaban por alto. Y no me malinterpretes, no soy ni vidente, ni bruja ni ninguna clase de ser mitológico, solo que tenía esta sensibilidad que ni siquiera yo misma era capaz de comprender. No entendía por qué me ocurría esto, me comparaba con los demás para ver si eso que me sucedía era «normal», y durante años me fustigué por ser así.

> *Existe una terrible tendencia a ridiculizar los sentimientos de la gente.*

Si eres sensible, probablemente te haya tocado lidiar con multitud de comentarios hacia tu manera de ser y sentir: «Qué exagerada», «No es para tanto», «Menuda tontería», «Pues sí que te va a ir bien siendo tan blandengue...». A raíz de reproches como estos siempre percibí el ser sensible como un defecto, aquello que me hacía llorar por todo y por nada a la vez, lo que podía provocar rechazo y burlas de los que no lo entendían: era la llorica de clase porque a la mínima que tenía una pequeña discusión con alguna amiga o que alguien hiciera una «broma» sobre mí me afectaba mucho. En definitiva, me avergonzaba de ser así.

Esta sensibilidad unida a mi autoexigencia era la combinación perfecta para que se librara constantemente una lucha en mi interior que enfrentaba mi lado emocional con mi lado más racional. Mi sensibilidad versus la exigencia diaria de ser una persona serena y capaz. Digamos que durante años mi propósito era ir en contra de mi propia naturaleza, pues trataba por todos los medios de reprimir y ocultar esta sensibilidad para demostrar al mundo que era una persona «fuerte». Y pongo fuerte entre comillas porque esta es la mayor equivocación en la que yo como muchos nos encontramos sumidos.

> *Ser sensible*
> *no equivale a ser débil.*

No llorar y vivir tras una coraza no significa ser una persona poderosa y capaz. Estas creencias limitantes me dañaron la autoestima más de lo que pude jamás imaginarme. Ser una persona sensible y ser una persona fuerte no solo no son incompatibles, sino que pueden convivir de manera armoniosa. De hecho, sabiendo lo que sé hoy, considero que hay que ser muy fuerte para saber gestionar y, al mismo tiempo, ensalzar esta sensibilidad, viviendo en una sociedad tan hostil como en la que vivimos.

El mundo es un lugar cruel en el que vemos realidades terribles todos los días, en el que se producen situaciones injustas continuamente, en el que no todos tienen tacto a la hora de decir las cosas y mucho menos tienen en cuenta tus sentimientos, por lo que sobrevivir siendo una persona como yo se convirtió en todo un reto.

> *Haz de aquello que te avergüenza*
> *tu mayor arma de combate. Y que*
> *tu rasgo distintivo sea motivo de éxito*
> *en todo lo que emprendas.*

Me ha costado tiempo y esfuerzo —y me sigue costando— aprender a abrazar esta sensibilidad. Sobre todo, a aceptarla y entender que forma parte de mí y que, si bien puede tener ciertos inconvenientes, como que te entren unas ganas terribles de llorar en momentos en los que, socialmente, no procede: por ejemplo, cuando suena un canciocilla triste en el supermercado mientras compras aguacates, y la gente te mira pensando: «¿A esta qué le pasa?» —esto me ha sucedido más veces de las que me gustaría admitir—, lo cierto es que ser sensible también tiene otras muchas cosas maravillosas, que si las descubres y potencias, pueden hacer que sea un don. Se trata de darle la vuelta a la tortilla.

Querida amiga:

Deja de avergonzarte por tu sensibilidad,
ser sensible no te hace ser menos capaz,
te hace vivir la vida de forma más intensa,
y eso puede ser precioso.

Aunque el mundo sea cruel, tú no tienes
por qué serlo. Tu sensibilidad es un regalo.

Nunca te sientas culpable por sentir,
eres humana.

6

LA SENSIBILIDAD, MI SUPERPODER

i capacidad enorme de apreciar cada detalle, de percibir sensaciones que para otras personas pasaban desapercibidas, me hacía ser feliz con muy poco, porque cada pequeñez la valoraba como si fuera algo único. A pesar de los pesares, vivía con más intensidad, quería con todo mi corazón. Aunque, claro, esto valía tanto para lo bueno como para lo malo. Era una bendición y una maldición al mismo tiempo.

> Ser sensible es como tener un superpoder, pero como todo superpoder, puede acabar haciéndote más mal que bien si no sabes gestionarlo.

La sociedad nos enseña a reprimir las emociones. Y ni te cuento si eres hombre, entonces olvídate de ser y mostrarte sensible y vulnerable. Mi proceso no fue fácil. No cualquier chico estaba dispuesto a tener una relación o estar con alguien como yo, pues a muchos les resultaba exagerada, dramática, demasiado intensa, «una persona que daba problemas» y preferían mantenerse al margen de toda esta clase de estigmas, que en el fondo es lo que son. Créeme, lo he vivido en primera persona. Mucha gente me hacía pensar que siendo así no encontraría a nadie que me aceptara y me quisiera. Me aseguraban que lo único que conseguiría sería producir rechazo en todos los chicos. Es más, ahora soy consciente de que algunas de las personas con las que estuve lo vieron como un gran defecto y me hicieron acomplejarme por ser así. Había momentos en los que incluso me sentía obligada a disculparme por mi forma de ser. Me creía una carga y estuve forzada a pedir perdón en muchas ocasiones.

Era consciente de que ser así de intensa podía resultarles cargante, pero es que no sabía ni quería vivir de otra manera que no fuera esta, y honestamente, hoy tampoco quiero.

Una vez que encuentres la magia que alberga vivir sintiendo todo tan intensamente, enorgullécete de ello.

Cuando llegó a mi vida alguien que no solo me quería y aceptaba con toda mi sensibilidad, sino que, además, lo destacaba como algo positivo, como algo que le gustaba, que le agradaba, que le producía ternura, me quedé poco menos que a cuadros. Atónita.

—Uy, perdona, quizás estoy siendo demasiado pesada con este tema, no quiero molestarte —me disculpaba una y otra vez.

—¿Por qué te justificas por eso? Al revés, el hecho de que te preocupe tanto me encanta, porque significa que te importa —me aseguraba él.

Me hizo cambiar por completo la forma que tenía de verme, consiguió que empezara a amar aquellas partes de mí que durante tanto tiempo había aborrecido y que otros me habían hecho odiar.

> *Para la persona correcta nunca eres «demasiado», todo lo contrario. Le encantará ver que eres tú en tu plenitud.*

Al principio me resultaba incluso difícil de creer, tenía tan interiorizado que ser así era un gran defecto que no veía posible que nadie pudiera acabar enamorándose de alguien como yo. Por supuesto sabía que el amor propio y aceptarme era un proceso personal, algo que tenía que salir de dentro y que absolutamente nadie podía hacerlo por mí, pero algunas personas me dieron ese pequeño empujón que necesitaba para dar el paso. Ellas me hicieron ver que había partes de mí que no solo no eran odiosas, sino que podían ser admiradas y admirables.

Querida amiga:

Ser sensible te permite apreciar
cada pequeño detalle y vivir siendo
más consciente de lo que te rodea,
y eso es mágico.

Vivir la vida de forma tan intensa puede
hacerte sufrir más en según qué situaciones,
pero yo no quiero vivir la vida de otra
manera que no sea de esta.

Aunque no lo creas, existen personas que
verán tu sensibilidad como algo maravilloso,
y amarán esa parte de ti.

7

CONVIERTE TU SENSIBILIDAD EN TU MAYOR DON

ansada de avergonzarme por ser como era, y en este mismo proceso de aceptación de mi ansiedad y mis emociones que tuve durante mi pronta juventud —diecinueve-veinte años—, me dije que algo positivo debía sacar de todo aquello, que no podía ser todo tan terrible, y así es como poco a poco comencé a darme cuenta de lo bueno, de las ventajas que tenía ser una persona sensible.

Supe que mi sensibilidad era, en gran parte, lo que me permitía tener capacidad de creación, lo que me permitía apreciar cada gesto, lo que me permitía vivir la vida como si de una película se tratara y amar con intensidad.

¡Sí, resulta que ser sensible tiene muchas cosas buenas!

Poco a poco un rasgo que me había acomplejado se fue convirtiendo en una característica de mi identidad que me hacía sentirme orgullosa. Ser sensible me hacía ser quien era, y había llegado el momento de dejar de rechazarlo. Decidí sacar el máximo partido de este regalo, y me enfoqué en aquello que me apasionaba. Esos vídeos que grababa los fines de semana cuando me quedaba en casa me los empecé a tomar más en serio. No sabía que lo que comenzó siendo una forma de pasar el rato acabaría convirtiéndose en aquello que me impulsaría a trabajar en lo que me apasiona. Experimenté con el maquillaje, busqué la manera de hacer fotografías más artísticas, compuse música para YouTube... Y así es como nació mi pódcast «Como si nadie escuchara».

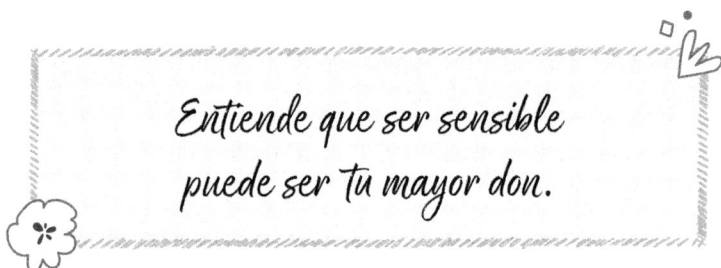

Entiende que ser sensible puede ser tu mayor don.

La enorme necesidad de volcar toda esa emoción, esos sentimientos y esa sensibilidad en algo creativo, que me permitiera expresarme libremente y desahogarme, fue lo que me llevó a crear contenido en las redes sociales y compartir con el mundo lo que llevaba dentro.

Y no, no era la única que tenía esta manera de sentir. Me di cuenta de que había muchísima gente como yo. Es más, muy probablemente, si estás leyendo esto, sea porque tú también eres una persona sensible, y si nadie te lo ha dicho antes, yo quiero decirte que a mí sí me encanta que seas así. Estoy segura de que si no fuera como soy, no podría dedicarme a mi gran sueño: crear y comunicar.

Querida amiga:

Ser sensible tiene cosas positivas.
Si enfocas bien tu sensibilidad,
puedes sacar mucho partido de ella.

Emplea tu sensibilidad para crear
cosas increíbles y disfrutar haciendo
lo que más te gusta.

CÓMO LA ANSIEDAD CAMBIÓ MI VIDA

Hablemos de la ansiedad. Así, en caliente, lo primero que me apetece es decir unas cuantas palabras malsonantes respecto a la misma, pero creo que no sería muy propio de un libro que pretende hacerte sentir mejor. O sí, no lo sé. Sería un desahogo momentáneo, así que trataré de profundizar un poco más en el tema.

La ansiedad es una emoción, una sensación, un sentimiento, como quieras llamarlo, terrible. Un conjunto de síntomas que te hacen creer que estás perdiendo la cabeza o que te vas a morir en cualquier instante.

Es el miedo en su máxima expresión.

Parece que tu mente quiere hacer todo lo posible por ser tu peor enemiga, pero en realidad no es así, son tu cuerpo y tu mente a la vez pidiendo ayuda a gritos.

Por desgracia, me siento muy familiarizada con este estado de angustia. Creo que empecé a sufrir ansiedad desde niña, sin embargo, yo no tenía ni idea de que este era el nombre que se le daba a aquel sentir tan extraño que me invadía de vez en cuando. Recuerdo el pánico irracional y constante a que mis padres tuvieran un accidente, terror a contraer una enfermedad, pavor a que entraran a robar en casa, temor a no dormir bien por la noche, miedo a marearme en clase, a irme lejos de mi hogar... Era una cría de unos diez años que ya empezaba a tener sus primeros ataques sin ni siquiera saberlo.

Es cierto que en mi familia era algo conocido, ya que más de un miembro la padecía, pero nunca pensé que ese fuera a ser mi caso. Es más, le tenía tanto miedo a la propia ansiedad que procuraba ni pensar en ello, pero yo sabía que a mí me pasaban cosas «raras» que al resto de mis compañeros o amigas no. Sin embargo, creo que siempre quise mirar hacia otro lado.

Por fortuna, la ansiedad no interfirió realmente en mi vida cotidiana ni de niña ni de adolescente. Podía ir a clase, tenía amigas, hacía mis planes con bastante normalidad, pero todo esto cambió estando ya en la universidad, cuando cumplí los diecinueve años. Ahí es cuando esa bomba que realmente llevaba cocinándose años estalló de repente.

De la nada y sin avisar comencé a tener unos síntomas físicos muy potentes que no sabía cómo manejar: mareos, falta de aire, taquicardia, hormigueo en las extremidades... Y supe lo que es un verdadero ataque de ansiedad. Lo recuerdo perfectamente. Iba conduciendo de noche, yendo a casa de mi novio Dani, y perdí por completo el control de mí misma y, por lo tanto, del vehículo. Jamás sentí tanto pánico como en ese momento. Solo de pensarlo me vuelven todas esas emociones.

Un ataque de ansiedad asusta tanto
que le coges miedo,
y se convierte en un círculo vicioso.

Tenía miedo a tener miedo. Tenía miedo a sufrir ataques por lo mal que lo pasé, lo cual incrementó aún más mi sensación de peligro e hizo que tuviera incluso más ansiedad. Fue la pescadilla que se muerde la cola.

Empecé a tener ataques de ansiedad en todos y cada uno de los lugares habidos y por haber: universidad, coche, centros comerciales, supermercados, playa, montaña, restaurantes... Podríamos decir que la ansiedad se apoderó de mí. Era un auténtico reto salir de mi habitación porque sabía que iba a tener que enfrentarme a ese monstruo que me hacía sentir profundamente vulnerable. Todos esos síntomas que me perseguían a cada paso que daba. ¿Por qué me estaba pasando eso a mí? ¿Por qué no podía ser una persona «normal»? Rogaba de nuevo por la normalidad de una vida sin sobresaltos. No era capaz de entenderlo. No había día que en la universidad yo no quisiera salir huyendo por la puerta de la angustia que sentía. Contaba los minutos para poder volver a mi casa, donde me encontraba algo más segura. Nunca me sentía a salvo. Además de todo este malestar, añádele que prácticamente nadie que no lo hubiera vivido entendía qué es lo que me ocurría.

—¿Ansiedad? No, hombre, ¡eso es que estás agobiada! Solo relájate y no des tantas vueltas a las cosas, que piensas mucho.

—Muchísimas gracias, pero no ayudas. Ojalá pudiese no pensar tanto. Eso solucionaría la gran mayoría de mis problemas —les contestaba yo tratando de no enfadarme por sus consejos.

Y cada vez que rechazaba algún plan porque no me encontraba bien, siempre había alguien que me tachaba de aburrida, de aguafiestas o incluso de mala amiga.

—No es que no quiera ir —les decía—, es más, no hay nada que me hiciese más feliz ahora mismo que dejar de tener esta mierda y poder apuntarme a todos los planes y más con vosotras, sintiéndome feliz y segura, pero a veces el miedo me domina y no soy capaz.

> *Un complejo inmenso y sentirte diminuta frente al mundo es quizás el sentimiento que tengas cuando no puedas aceptar una invitación a causa de la ansiedad.*

A pesar de que durante un tiempo hice lo posible por huir de esta realidad y me negué a aceptar que había algo que no estaba funcionando bien en mi mente, llegó un momento en el que esto se hizo insoportable y me vi obligada a tomar cartas en el asunto:

—Necesito ir al psicólogo —le dije a mi madre.

Se quedó atónita. Creo que era algo que no se esperaba de mí. La niña alegre y dicharachera de la casa, la «niña que nunca daba problemas», estaba pidiendo ayuda, por lo que su respuesta inmediata fue:

—¿Estás segura? Igual en unas semanas te encuentras mejor...

Pero yo sabía que no iba a ser así. Por eso, le expresé firmemente mi necesidad de recibir ayuda profesional.

Querida amiga:

La ansiedad es muy incómoda, lo sé,
pero aunque ahora no sepas verlo y sientas
que tiene que ser algo mucho peor,
te prometo que es solo eso, ansiedad.

No estás sola en esto de la ansiedad.
Somos muchas las que pasamos
por lo mismo.

9

EL PASO
DE IR A TERAPIA

*C*omenzar la terapia psicológica fue una de las mejores decisiones que he podido tomar en mi vida. Pero no fue fácil, ya que a pesar de que ya había bastante información sobre la salud mental, yo aún tenía en la cabeza que ir al psicólogo solo era para «locos» o para personas que tenían «problemas», y que ir suponía reconocer que algo malo pasaba conmigo. Pero era un paso absolutamente necesario.

No deberíamos estar mal para ir al psicólogo. Solo desear estar bien.

Por desgracia, hoy en día, obtener esa atención médica parece que no es un derecho, sino un privilegio. Dicho lo cual, con mis diecinueve añitos y llena de miedo hasta arriba me planté en la consulta de la psicóloga. Me recuerdo en esa sala de espera, sintiéndome como un auténtico bicho raro, preguntándome qué hacía allí. Sin saber que ese sería el comienzo de mi nueva vida. Suena muy intenso, pero, en fin, ya me conoces.

La psicóloga, una mujer simpática pero seria y profesional a la vez, me transmitió mucha seguridad, lo cual era bastante necesario teniendo en cuenta que yo iba ahí hecha un manojo de nervios. No tuve problema en abrirme con ella y contarle todo lo que me pasaba. El problema es que era tanto que no sabía ni por dónde empezar.

Acudí a terapia por mis síntomas de ansiedad, sin darme cuenta de que el quid de la cuestión no eran los síntomas, sino las creencias limitantes que tenía, que eran las que me estaban generando la propia ansiedad.

El miedo a ser y mostrarme vulnerable, el pensamiento blanco o negro, mi necesidad de controlarlo absolutamente todo... Eso era lo que me estaba haciendo tanto mal.

La terapia consistía en ir desmenuzando cada una de estas creencias: de dónde venían, cómo afectaban a mi forma de ser y de relacionarme, qué tipo de distorsiones de la realidad me producían...

La terapia es un proceso largo, que si tienes la suerte de llevarlo a cabo con un buen profesional, es de lo mejor que te puede pasar.

Una de las ideas principales que calaron en mí, como ya te he dicho en un capítulo anterior, es que tenía que asumir que no podía ser la mejor en todos los aspectos. Tenía que considerar seriamente que habría áreas de mi vida en las que debería conformarme con ser más mediocre, y eso no era nada malo. No siempre se puede llegar a todo, y mucho menos a todo a la vez, por lo que se trataba de priorizar aquellas cosas que me resultaran en verdad importantes, y aceptar que en el resto tendría que ser, simplemente, del montón.

Y aunque parezca mentira: ¡se puede ser feliz así!

Esta idea que parecía tan elemental ya me ayudó a quitarme un gran peso de encima. También me benefició mucho comprender que por más que yo quisiera, no podría controlarlo todo. Había cosas que no dependían en absoluto de mi voluntad, y debía aprender a rendirme, pero rendirme en el sentido de dejar de pelear contra los posibles escenarios que me imaginaba en mi cabeza. Esos «y sí...» que tanto daño me hacían.

Dejar que la incertidumbre pasase sobre mí, dejar que fuera lo que tuviera que ser y entender que, en el caso de que alguno de esos escenarios tan catastróficos que tenía en mi mente sucedieran —que por cierto, casi nunca sucedían—, estaba preparada para afrontarlo, para gestionarlo, para sobrellevarlo. Poco a poco y con mucho esfuerzo fui aprendiendo. Se trataba de ocuparse, no de preocuparse.

> *Confiar en Ti y en Tus capacidades es clave. No necesitas prepararte psicológicamente para aquellas cosas tan terribles que piensas que van a ocurrir. Si ocurren, sabrás salir del paso.*

A pesar de tener unos síntomas muy intensos de ansiedad nunca dejé de exponerme a ella. Sabía que para poder manejarla —y digo manejar y no controlar porque mi psicóloga me tenía prohibido pronunciar esta palabra por razones evidentes— debía perderle el miedo, entender que era mi cuerpo en estado de alerta y nada más. Aceptarla y no resistirme, no evitarla, no dejar de hacer planes por su culpa, sino irme con ella a todas partes como si fuera una mochila hasta que llegara un día en el que esa mochila dejara de pesar.

Cuanto menos desees tener ansiedad, más la vas a provocar. Si te pasas el día pensando que ojalá hoy no estés mal, que hoy no tengas pensamientos negativos..., peor va a ser el ataque que sufras. Le estás diciendo a tu cerebro que eso es algo profundamente importante y peligroso por lo que debe preocuparse.

Así fue como, pasando muchos días difíciles y desagradables, fui perdiéndole el miedo a los incómodos síntomas de la ansiedad, que no eran más que eso: incómodos. Básicamente, la clave de mi proceso fue, y sigue siendo, la aceptación. Tantas veces me había resistido al cambio, a mis emociones, a mis pensamientos, que sin darme cuenta los estaba haciendo más fuertes y permanentes.

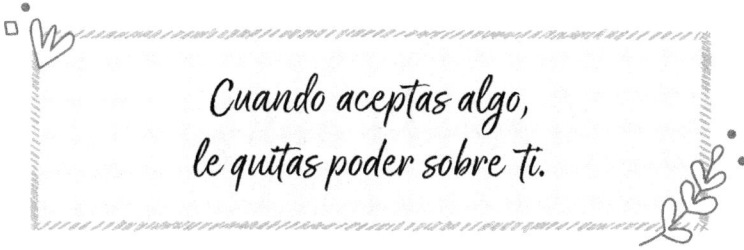

> *Cuando aceptas algo, le quitas poder sobre ti.*

«Lo que niegas te somete y lo que aceptas te transforma». Esta frase de Jung me cambió la vida. Dejé de resistirme, no de resignarme, y pensé que por fin había dejado de sufrir. Pero no fue así.

Querida amiga:

No tengas miedo de pedir ayuda, eso no te hace más débil, al revés, es de valientes tener el coraje de reconocer que la necesitas.

Acepta la ansiedad como una emoción más, no trates de controlarla, ya que eso es contraproducente. Deja que pase por ti como una ola y cuando menos te lo esperes, se habrá ido.

10

CUANDO MI MENTE SE CONVIRTIÓ EN MI PEOR RIVAL

Cuando parecía que estaba más estable, ya adaptada en la carrera universitaria, todo bien con mi familia, todo bien con mi pareja…, no me preguntes cómo ni por qué, porque mi cabeza ha decidido borrar todos los recuerdos de aquella época, pero en octubre de 2019, cuando tenía veintiún años, empecé a tener un tipo de ansiedad muy diferente a la que había tenido hasta entonces. Ya no eran síntomas físicos, ya no eran los ataques de ansiedad que yo conocía, sino que mi mente había decidido comenzar a inundar mi vida de cientos de ideas intrusivas que me consumían, que no podía controlar, siempre relacionadas con situaciones que me aterraban, cosas que iban radicalmente en contra de mis principios o que pretendían atacar aquello que yo más quería en este mundo.

Cada vez que uno de estos pensamientos surgía, me inundaba una sensación de pánico que es muy difícil de explicar, y sentía una necesidad imperiosa de hacer algo para eliminarlo. Me tiraba horas y horas rumiando, obsesionándome, dándole vueltas a cualquier pensamiento absurdo que ese día hubiera decidido colonizar mi cabeza.

¿Y si papá y mamá mueren en un accidente hoy?

¿Y si no me puedo controlar y en medio de clase grito algo obsceno y terrible?

¿Y si me vuelvo loca y me tienen que internar?

¿Y si realmente soy una mala persona?

¿Y si el mundo no es real y vivimos en una simulación?

¿Qué hay después de la muerte?

¿Qué es en realidad la vida?

¿Y si me hago daño a mí misma?

¿Y si soy un fracaso?

¿Y si nunca consigo salir de este bucle de ansiedad?

Estos son ejemplos de algunos de los pensamientos que me rondaban a diario. El problema es que la bola cada vez se iba haciendo más grande, al punto de que me resultaba imposible frenarla. Todo me aterraba. Sentía que ya no tenía el control ni siquiera sobre mí misma.

Poco a poco fui perdiendo las ganas de comer, de salir con amigas, de reír, de dormir... Mi mente no tenía espacio para nada más que para la obsesión. Solo podía dar vueltas y vueltas a todas estas preocupaciones irracionales. Solo de recordar esa época se me saltan las lágrimas. Creo que nunca he sufrido tanto como entonces. No entendía qué era lo que me sucedía.

Esto me hacía sentir mucho más enferma, me estaba quitando las ganas de vivir. Cada mañana me levantaba sabiendo que ese día iba a consistir en luchar de forma incansable contra mí y mis propios pensamientos.

> Sientes que tienes una nube
> negra encima de la cabeza
> que no te deja ver más allá.

Había perdido mi alegría, mi positivismo... Ni siquiera me reconocía. La niña cascabel, como me llamaban algunos, ya no lo era, y eso todavía me ponía peor, porque al querer empeñarme en seguir siendo esa persona jovial que siempre había divertido a los demás, e incluso tratar de forzar la sonrisa constantemente para que nadie notara lo mucho que estaba sufriendo, cada vez era más consciente de que estaba empeorando.

> Un problema de salud mental
> produce un sufrimiento tan profundo,
> que te hace tener pensamientos
> que jamás querrías tener
> solo por el deseo
> de escapar de ese dolor.

Y por mucho que me duela recordar esto, tengo en la memoria cómo un día, volviendo de la universidad en coche pensé:

«Si doy un volantazo ahora mismo, se acabaría toda esta tortura». En ese preciso instante entendí lo que realmente suponía tener un problema de salud mental.

Querida amiga:

Los pensamientos no son más que eso, pensamientos, no tienen por qué significar nada ni ser reales. En muchas ocasiones son pensamientos intrusivos que reflejan tus mayores miedos, no tus deseos o la realidad.

Aprende a observar estos pensamientos como si fueran nubes en el cielo. El mundo no se detiene porque una mañana esté más nublada, tampoco tu mente porque tengas algunos pensamientos desagradables.

11

LA TEMIDA MEDICACIÓN

Seguía yendo a terapia, pero cada vez parecía funcionarme menos. Según mi psicóloga, mis niveles de ansiedad eran tan elevados que no podía aplicar correctamente el tratamiento porque el cerebro no era capaz de racionalizar nada, por lo que tuve que dar un paso más: la gran temida medicación.

Nunca creí que la necesitaría para nada, y menos para un trastorno de salud mental. Era algo que me imponía muchísimo y que pensaba que me iba a convertir de manera automática en una drogadicta. Mítica creencia que tenemos muchos. Sin embargo, me veía tan necesitada que decidí darle una oportunidad.

> La medicación suele tener muy mala fama en lo que a salud mental se refiere.

Para ello acudí visiblemente delgada y casi sollozando a dos psiquiatras distintos: la primera no me hizo apenas ni cuatro preguntas y me aseguró que lo que tenía era «el pavo», y que lo que debía hacer era empezar a realizar más viajes con mis amigas. Me recetó un Lexatin al día y para casa. No me lo podía creer. ¿En serio? ¿Esta señora me estaba viendo en ese estado y esa era su valoración? «Ni de coña», pensé.

Acudí a otra profesional porque sabía que ese no podía ser el diagnóstico, y esta nueva psiquiatra me dijo textualmente:

—Menos mal que has venido, porque estás en los inicios de una depresión.

No me sorprendió en absoluto, pues yo me daba cuenta de que mi alegría y mis ganas de vivir estaban bastante por los suelos.

La doctora me recetó un fármaco, y viendo que tenía algún temor al respecto y cierta aversión a la medicación, me hizo una comparativa que fue lo que me dio el impulso para acceder a tomarlo:

—Esto es como un diabético que necesita su insulina para estar bien. Pues tu cerebro ahora mismo necesita un químico, y como no lo está produciendo él solito, hay que ayudarle.

Sus palabras me convencieron para que empezara a medicarme. Te mentiría si te dijera que las pastillas no me ayudaron, porque me dieron el empujón que redujo mis niveles de ansiedad y, por eso, con la mente más despejada, me fue más fácil aplicar la terapia con la psicóloga.

Me inclino a pensar que nunca hay una causa concreta, sino que son el conjunto de distintos factores lo que hace que algo salga o no salga. Y en mi caso, la terapia psicológica, la medicación, mis propios esfuerzos por mejorar, el apoyo de mi familia y la cuarentena que vivimos a raíz de la pandemia en 2020, que me hizo —como al planeta entero— parar con todo y darme un respiro, centrándome en lo verdaderamente importante, fueron los motivos de mi progreso en cuanto a salud mental se refiere. Muy poco a poco y de forma progresiva sentía que la alegría y la paz que tanto llevaba anhelando durante meses volvían a mi vida. Fue como un renacer.

Tengo todos los motivos del mundo para odiar a la ansiedad, porque es aquello que más me ha hecho sufrir en lo que llevo de vida, lo que más me ha acomplejado, lo que más me ha limitado... Pero también es lo que más me ha enseñado. Yo no soy la misma persona que era, porque me cambió por completo.

Recuerdo que cuando lo estaba pasando terriblemente mal, un deseo recurrente era volver a ser la de siempre, sin ser consciente de que yo jamás volvería a ser la persona que había sido.

> Ten presente que jamás
> vas a volver a ser «la de antes».
> Y esto no es necesariamente malo.

Todo aquello me había cambiado de por vida: mi carácter, mi manera de ver a la gente, mi resistencia como ser humano... Y seguir empeñándome en ser una versión de mí que ya no existía me bloqueaba y me hacía más daño que otra cosa. La única manera de continuar avanzando y ser feliz era dar paso a esta nueva versión que, por supuesto, era distinta que la anterior.

Esto era señal de que estaba viva, de que había crecido, de que había madurado. Se trataba de evolucionar a partir del dolor.

> Observa los pensamientos, no les asignes un significado y sé consciente de que la ansiedad es consecuencia de ser humana.

Hoy en día sigo lidiando con la ansiedad y con los pensamientos intrusivos, tengo mis momentos mejores y mis momentos peores, pero he aceptado que esta es una predisposición que quizás tenga hasta el día que me muera. No es desesperanzador, más bien todo lo contrario. Por fin he logrado entender la ansiedad como una emoción más. He aprendido a escucharla y a navegar sobre ella como si fuera una ola del mar. Es lo único que me ayuda a sobrellevarla.

Querida amiga:

Cuando estás metida en el hoyo, es muy posible que necesites un empujón para poder salir, y a veces ese empujón te lo da la medicación. Con esto no estoy diciendo que tengas que medicarte, y mucho menos automedicarte, pero si en un momento determinado lo necesitas, déjate de prejuicios y de estigmas, porque tu salud es mucho más importante que todo eso.

La ansiedad puede que marque un antes y un después en tu vida, y aunque al principio te cueste aceptarlo, esto no es malo, simplemente has vivido algo que te ha hecho madurar y crecer, y debes dar paso a esa nueva versión de ti.

12

LA ANGUSTIA EN LAS RELACIONES DE PAREJA

Por supuesto, la ansiedad no tardó en aparecer en mis relaciones personales, en especial en las de pareja, haciéndome creer constantemente que me iban a dejar de querer, que me iban a abandonar, que se iban a cansar de mí... Era impensable tener una relación en la que me sintiera en paz y tranquila, porque mi mente se encargaba de inundarla de pensamientos intrusivos que arruinaban todas mis conexiones con los demás. Si me contestaban un poco más «secos» de lo normal a un mensaje, ya pensaba de manera automática que había hecho algo mal y que, por lo tanto, se marcharían.

Sobreanalizaba cada llamada de teléfono, cada mensaje, cada conversación... por si detectaba algún comportamiento extraño que confirmara todas estas sensaciones que tenía y que me indicaran que se habían aburrido de mí. Al mismo tiempo, trataba de mantenerlo todo bajo control procurando que esa persona no se fijara ni se enamorara de nadie más que no fuera yo.

> *El resultado de un comportamiento tóxico derivado del miedo al abandono es, por supuesto, una relación tóxica.*

Te hablaré de las relaciones destructivas un poco más adelante, ahora solo quiero hacerte ver que me era muy difícil confiar en los demás, ya que, aunque alguien me estuviera demostrando una y otra vez que me quería y que no se iba a ir de mi lado, yo no podía evitar hacer caso a esos pensamientos que suponía eran mi intuición. Y aquí estaba el error, que confundía mi ansiedad con los presentimientos, que no sabía diferenciar cuándo algo era real o era simplemente producto de mis miedos, de mi inseguridad.

«Siento que me ha contestado un poco borde —pensaba en alguna situación—. ¿Le pasará algo conmigo? ¿O quizás tiene un mal día? No, seguro que es conmigo. Voy a preguntarle». Y desde luego que lo hacía. Ahí empezaba un diálogo que podía estropear una tarde fantástica o un plan maravilloso.

—Oye, ¿he hecho algo mal?

—Qué va, amor, solamente estoy cansado.

—¿Seguro? No te creo, has sido demasiado grosero al comentario que te acabo de hacer, ¿seguro que no he hecho algo mal?

—Que no, amor, de verdad, que solo estoy cansado, no estoy enfadado contigo...

A pesar de ser tan rotundo, no le creía. Así que repasaba en mi mente todas las interacciones que habíamos tenido en la última semana para ver si había podido decir o hacer cualquier cosa que le hubiera molestado.

Todo esto me ocurría —y aún me ocurre muchas veces— porque no era capaz de soportar el desasosiego, el hecho de que, en efecto, hubiera una posibilidad de que el chico al que tanto quería me dejara de amar, se cansara de mí o se enamorara de otra chica.

> *Sí, es posible que tu pareja se enamore de otra persona, pero eso no significa que vaya a suceder.*

Lo curioso es que no sabía que esto era ansiedad hasta que, años después, cuando acudí a terapia y empecé el proceso que te he comentado, entendí que todo formaba parte de lo mismo: autoexigencia, inseguridad, pensamientos intrusivos y obsesión. No es que yo tuviera un sentido mágico que me dijera lo que iba a ocurrir, porque, además, qué casualidad, todo lo que yo pensaba que iba a suceder eran cosas catastróficas que en el noventa por ciento de las veces no se cumplían.

> *Aprender a identificar la ansiedad es clave para poder tener relaciones sanas.*

Ese pensamiento o sensación de «y si se va con otra» no dejaba de ser producto del miedo, por eso fue importante sanarlo antes de volcarlo en forma de actitudes tóxicas hacia la otra persona.

No es fácil tener ansiedad, pero tampoco es fácil relacionarse o convivir con alguien que la sufre. Cuando decides compartir tu vida con una persona, debes asumir que no es perfecta, que viene con sus propias «taritas», complejos, temores... Y debes acompañarla en el proceso de sanación. Ojo, esto no significa que tengas que aceptar que te traten mal bajo la excusa de que es que es una persona muy dolida o que tiene muchos traumas, porque la realidad es que todos —o casi todos— los tenemos, sino que se trata de que, una vez que reconozca qué es lo que le sucede y cómo poder mejorarlo, tú, como compañera de vida, le ofrezcas tu apoyo y comprensión.

¿Y cómo puedes ayudar a tu pareja si sufre ansiedad? Es muy fácil y difícil a la vez: no infravalores jamás lo que siente. Y digo que es difícil porque en muchas ocasiones te será imposible comprender por qué está pensando lo que piensa o está sintiendo lo que siente. Es posible que creas que está exagerando en su conducta, en su proceder, pero lo está viviendo como muy real. No es necesario que comprendas lo que le está sucediendo en un momento de crisis, sino que le ofrezcas tu hombro para llorar, le hagas saber que todo estará bien y le muestres la seguridad y confianza que necesita en ese instante.

> *Sé paciente y confía en que juntos,*
> *como equipo, podréis salir adelante.*
> *Es tan sencillo como estar.*

Ahora entiendo que en muchas ocasiones mis parejas se frustraran porque no eran capaces de comprender por lo que yo estaba pasando, y eso les hacía enfadar y sentir impotencia, ya que creían que no me ayudaban, cuando la realidad es que la mayoría de las veces lo único que necesitaba era poder desahogarme, un abrazo y no ser juzgada. Yo no quería el conflicto ni me aburría, solo que no sabía relacionarme de otra manera que no fuera esa.

Aprende a vivir el presente, aprende a confiar, deja de controlarlo todo, no es posible, trata de fluir, y si al final la relación se acaba o sucede uno de esos escenarios catastróficos que tu mente se empeña en repetirte una y otra vez, sigue adelante. Eres perfectamente capaz de sobrevivir sin esa persona al lado.

> *Pero mientras la relación dure,*
> *disfrútala. No tengas miedo a querer.*

Yo, en algunos momentos, levanté un muro y me puse una coraza por miedo a que me rompieran el corazón. Ahora he aprendido que es preferible que me lo rompan a que se acabe convirtiendo en piedra.

Dejé de creer que todo lo que me decía mi vocecilla interna o mis pensamientos era verdad, porque no siempre lo era, y, sobre todo, dejé de actuar según lo que me decía aquella «vocecilla». Aprendí a identificarla como ansiedad y frené todas esas conductas que sabía que estaba realizando para intentar calmarla, como revisar el móvil de mi pareja, preguntarle veinte veces al día si me quería, prohibirle que tuviera amigas... Todo ello lo único que estaba haciendo era retroalimentar mi propia ansiedad y nunca era suficiente, siempre había más cosas que quería controlar, porque mi cerebro jamás estaba seguro al cien por cien de que mi pareja no me fuera a dejar de querer, porque las certezas absolutas no existen en la vida.

Querida amiga:

Trata de tolerar la incertidumbre en tus relaciones, identifica tus pensamientos intrusivos y no creas todo lo que te dicen, porque no necesariamente son ciertos.

Sé consciente de tus inseguridades y aprende a gestionarlas para no volcarlas en la otra persona.

Que no te dé miedo querer. Sí, es posible que te rompan el corazón, pero también es posible que vivas una experiencia preciosa. No lo sabrás si no lo intentas.

13

SIENTO QUE NO ENCAJO

Hay acaso peor sensación que la de sentir que no encajas? ¿Que no puedes adaptarte a un lugar, a un grupo, a una situación? ¿Que parece que nadie te entiende, que nadie es como tú? No sé si te has sentido así en algún momento, especialmente en esos años que se supone que deben ser «los mejores» de nuestras vidas.

Si eres una persona joven, prácticamente se da por hecho que debe gustarte salir cada fin de semana a emborracharte y a desfasar en discotecas hasta que casi ves salir el sol. No tengo nada en contra de ello, es más, considero que cada uno está en su absoluto derecho de divertirse como más le guste, el problema es la exclusión o el rechazo que viene de la mano de que esa es la única manera real de pasarlo bien, y parece que si no lo haces, estás «desperdiciando» tu juventud. Esta idea me hizo sentir muy sola.

A mí nunca me gustó beber alcohol. No por nada en concreto, era mi excesiva responsabilidad que me hacía verlo como algo prohibido, nocivo e innecesario, y casi ni siquiera me atreví a probarlo. Lo mismo me ocurrió con el tabaco, la marihuana y cualquier otro tipo de droga. La simple idea de no poder controlar mi cuerpo y mi mente me aterraba. Yo debía tener siempre el control sobre mí misma, por lo que no encontraba sentido a consumir cualquier cosa que pudiera alterar mi estado anímico y tener ciertos efectos que me perjudicaran. A pesar de que mi entorno comenzó a hacerlo a muy temprana edad, a mí jamás me llamó la atención.

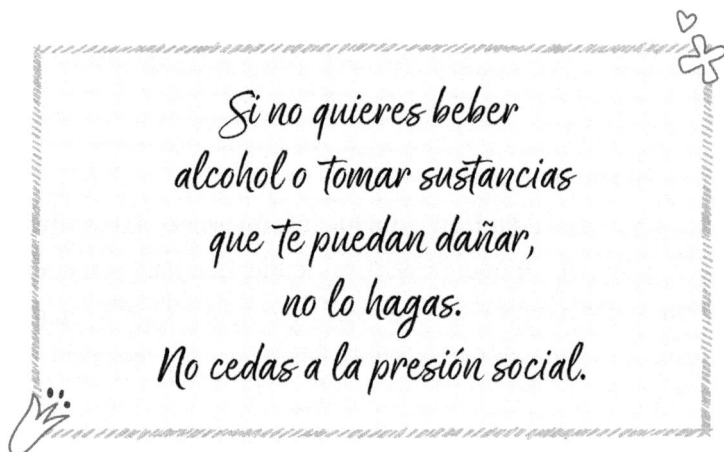

> *Si no quieres beber*
> *alcohol o tomar sustancias*
> *que te puedan dañar,*
> *no lo hagas.*
> *No cedas a la presión social.*

Esto no implicaba que no me gustara salir con mis amigas y pasármelo bien. Pero en cualquier situación me negué a seguir la corriente por el hecho de que los demás hicieran lo mismo. Por supuesto nunca faltaron comentarios jocosos cada vez que alguien me ofrecía una copa en una fiesta:

—¿Pero por qué no bebes? ¿Eres deportista? ¿Tienes alguna enfermedad? ¿Tomas alguna medicación?

—No, es que simplemente no me gusta, prefiero beber agua —les contestaba.

—Uy, qué rarita es esta chica, ¿quién la ha traído? No es de fiar —decían entre risas y más risas.

Por fortuna, estas críticas no me hicieron ceder y continué sin beber a lo largo de toda mi adolescencia. Supongo que mi hipocondría superaba con creces el miedo a lo que los demás pensaran de mí. Eso no significa que lo que me decían no me hiciera sentir mal.

> *A nadie le gusta sentirse discriminado, sentir que es el raro, que no se adapta al grupo y cumple con las expectativas marcadas.*

Es irónico y tiene narices que a la persona a la que generalmente se le hace sentir desplazada sea aquella que no se bebe hasta el agua de los floreros o consume sustancias, cuando esto debería ser la norma. Y no me refiero a que no puedas tomarte una copa, una cerveza o un vinito de vez en cuando —yo, ahora, con mis veinticinco años, lo hago cuando me apetece—, pero, eso sí, sin presiones y sin que lo normal sea llegar al coma etílico con dieciséis años todos los fines de semana.

Con las discotecas siempre me pasó más de lo mismo. Me encantaba —y me encanta— bailar, pero no terminaba de verle el sentido a estar en un local repleto de gente borracha en el que apenas podía escuchar a mis amigos de lo alta que tenían la música. A mí me gustaba echarme unos bailecitos e irme pronto a casa, porque desaprovechar completamente la mañana del día siguiente por lo tarde que me había acostado no era lo mío.

Aunque sobre esto debo admitir que no tuve tanta personalidad. Durante años la presión social me pudo y accedí a estos planes prácticamente todos los fines de semana, porque sentía que si no lo hacía, me iba a quedar muy sola, y ahí sí que sí, iba a ser del todo «la rarita».

Cuántas veces no habré ido a discotecas y me habré quedado hasta las tantas cuando en realidad solo deseaba estar en mi cuarto, ponerme el pijama, hacerme mi rutina de cremitas en la cara y dormir, pero me quedaba por ser guay, por no quedar mal, por no ser la que estropeara la diversión. Aun así, la gran mayoría de las noches no aguantaba y a las tres de la madrugada me marchaba.

—Chicas —les decía a mis amigas—, lo siento mucho, pero me voy.

Por supuesto, tenía que justificarlo de mil maneras, y disculparme doscientas veces, porque me sentía terriblemente mal por irme la primera y ser la que cortara el rollo: «Es que mañana tengo que estudiar, es que mañana tengo comida familiar y no puedo ir cansada, es que tengo que bañar a mi pez»... Y toda suerte de excusas.

—De verdad que lo siento muchísimo, la próxima me quedo más, os lo prometo —les aseguraba.

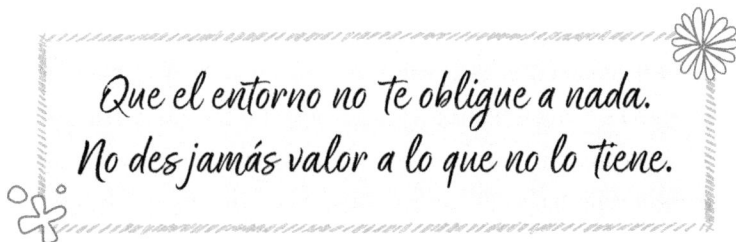

Que el entorno no te obligue a nada.
No des jamás valor a lo que no lo tiene.

Durante años tuve también la terrible creencia de que si decidía dejar de salir de fiesta los fines de semana me acabaría perdiendo «cosas increíbles» y se olvidarían de mí. Pero estaba en un error. Ya lo he dicho. Las que son amigas de verdad, las que conocen tus secretos, las que no te juzgan, no van a dejar de quererte por ser tú misma, por hacer lo que realmente te apetece, por tener tus propios gustos y por no acomodarte a ciertos planes. Es más, querrán que tú seas feliz, por lo que nunca te obligarán a hacer cosas que saben que no quieres hacer, y encontrarán la manera de adaptarse y poder hacer otros planes contigo. Yo, por ejemplo, quedaba para cenar, daba un paseo por la mañana o salía por las tardes e íbamos a los bolos o al cine. Descubrí que me querían por mis valores y que salir de fiesta era secundario. Pero también había otras «amigas» que no lo eran tanto. Eran las que me hacían chantaje emocional para que hiciera lo que a ellas les convenía.

> *Saca de tu vida amigos que dicen serlo solo por interés. Te estarás haciendo un favor.*

—Cris, ¿sales este viernes a la discoteca de bailoteo?

—No, gracias por invitarme, pero ya sabes que a mí esos planes no me van.

—Jope, qué aburrida, al final te voy a acabar olvidando si no vienes nunca.

No sé si a ti te ha ocurrido, pero en mi caso este tipo de diálogo se dio en más de una situación. Fue complicado, pero terminé por no ceder ante la insistencia de esas amistades. No me conformé con esta clase de vínculos tan solo porque no tuviera con quién salir. Te aseguro que hay mucho más mundo fuera repleto de personas maravillosas que respetarán tus gustos y te querrán tal y como eres, que no te harán chantaje emocional y que disfrutarán de tu compañía, independientemente de dónde estéis.

Si a ti lo que te divierte con diecisiete años es ir a dar paseos por el parque, visitar museos, la fotografía y escribir poemas, que sepas que no estás malgastando tu juventud. Que no te engañen. Y si alguien te intenta ridiculizar por ello, haz como hacía yo, ríete de ti misma antes para que nadie pueda herirte:

—¿No sales? ¿No bebes? Pero tú qué eres, ¿una abuela?

—¡Sí! Efectivamente, soy una viejoven, una personalidad de anciana encerrada en un cuerpo de persona joven, ¡y orgullosa!

Aprendí que el problema principal, el problema de fondo, era que me daba miedo enfrentarme a mis propios sentimientos y emociones, así que prefería estar rodeada de personas. Así podía compararme con sus vidas «perfectas».

> *Si disfrutas de tu compañía,*
> *es muy difícil que te sientas sola.*

Sin embargo, llegó un momento en el que tuve que decir basta. La situación ya era insostenible. Yo sentía que cada noche del viernes, cada noche del sábado que me obligaba a hacer cosas que no quería me estaba traicionando, y que al mismo tiempo tampoco era sano que si algún día decidía quedarme en casa lo pasara tan sumamente mal.

Aunque pueda parecerte una chorrada de adolescente, fueron innumerables los fines de semana que lloré a moco tendido por todo esto. Cuando eres joven, sentir que formas parte de un grupo es algo a lo que se le da mucha importancia. Por lo tanto, me vi obligada y empecé a no acudir a los sitios que no me apetecían. Sin excusas. Sin disculpas. Aprendí a decir no. Simplemente no.

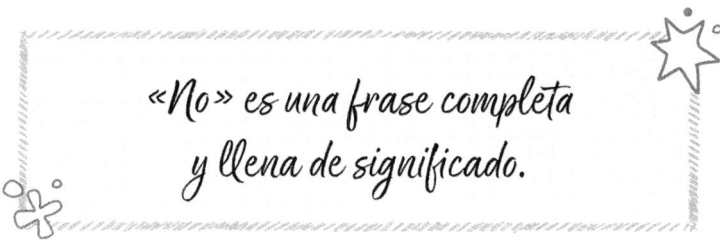

> *«No» es una frase completa y llena de significado.*

«No, gracias, no me apetece». ¡Ay, cómo nos cuesta decirlo en ocasiones!

A pesar de que al principio fue complicado, y mucho, fue liberador pronunciar estas pocas palabras y ponerme a mí misma por delante, aunque eso significara perder amistades.

Ya no esperaba a que alguien me llamara para salir a tomar un café. Me vestía, cogía aire y bajaba a la calle dispuesta a disfrutar sin importarme lo que pudieran pensar. En verdad, nadie estaba pendiente de si me habían dado plantón o tenía pocos amigos. Nadie se compadecía diciendo «pobrecita». A nadie que no me conociera le importaba tanto como para dedicar su tiempo y energía en juzgarme. Y si lo hacían, era su problema.

Lo esencial era que yo estaba tomando una decisión que me enriquecía, que me hacía más libre y feliz, y si alguien sentía pena por mí, más pena me hubiera dado a mí no ser capaz de hacer planes sola.

Si estás tan a gusto contigo misma, no necesitas rellenar espacios con cualquiera.

Ya no tenía necesidad de juntarme con gente por desesperación. La libertad que alcancé en ese momento fue de lo mejorcito que hice.

Querida amiga:

No dejes de ser tú por la presión social.
Siendo tú misma atraerás a tu vida
a las personas que realmente tienen
que estar en ella.

Quien te quiere de verdad, aceptará
tus límites y te querrá incluso cuando
dices «no».

Cuando aprendes a pasar tiempo contigo
y a disfrutar de tu propia compañía, dejas
de juntarte con personas que no te aportan
y empiezas a elegir con quién compartes
tus días y energía.

14

POR QUÉ NO DEBERÍA IMPORTARTE LO QUE PIENSEN LOS DEMÁS

¿Cuántas veces has dejado de hacer algo por miedo al qué dirán? ¿Cuántas has dejado de ponerte una prenda de ropa que te gustaba por miedo a que los demás pensaran que era horrible o que te quedaba fatal? ¿Cuántas veces te has callado y no has dado tu parecer sobre un tema porque no querías ser juzgada por el resto o porque no querías llevar la contraria a lo que la mayoría pensaba? ¿Cuántas has renunciado a un sueño porque no querías decepcionar a las personas de tu alrededor? Si has respondido que nunca a todas las preguntas anteriores, enhorabuena, eres una alien. Es broma. Pero, definitivamente, te importa un pimiento lo que los otros opinen sobre ti y, oye, muy bien hecho. Sin embargo, lo normal, como seres humanos que vivimos en sociedad, es que tengamos cierto temor a las críticas, y que sintamos una necesidad enorme de caer bien, de gustar. Es comprensible, está en nuestra naturaleza como seres sociales que somos, pero cuando esta necesidad de aprobación sobrepasa ciertos límites y empieza a preocuparnos tantísimo que dejamos de ser nosotros y pasamos a ser esclavos del entorno, renunciando a la propia identidad con tal de evitar que otros hablen u opinen, entonces tenemos un problema.

> Por más que trates de evitar que cualquiera opine sobre ti, no vas a conseguirlo. Siempre alguien tendrá algo que decir.

Yo intentaba seguir siempre las modas, las tendencias y no discrepar con nadie. Aun así, no controlaba lo que el resto pensaba sobre mí. Siempre, y repito, siempre, había alguien a quien no le gustaba, alguien que me hacía algún comentario negativo, alguien que no estaba de acuerdo conmigo. Ahora sé que era inevitable y que es perfectamente normal. De hecho, hubiera sido bastante preocupante —y aburrido— de no ser así.

Trataba de averiguar por todos los medios cómo les caía a los demás. Si me ponía un vestido que me encantaba, pero un amigo del grupo decía que me quedaba mal, yo lo descartaba para siempre. Si alguien decía que yo era desagradable, automáticamente me hacía pensar que en efecto lo era. Si a los demás les gustaba, eso se convertía en sinónimo de que era una persona con un gran valor; si no, entonces era una basura y no merecía amor, ni siquiera el mío.

No bases tu valor como persona en las opiniones de la gente que te rodea.

Imagínate el incansable esfuerzo que tenía que hacer —y que desgraciadamente a veces sigo haciendo— para tratar de que mi entorno tuviera siempre una buena impresión de mí y no opinara de manera negativa. Era agotador. Además, como ya te he dicho, como vivía con esta constante angustia de tratar de complacer, jamás era yo misma.

Hay diferentes cosas que he ido aprendiendo en estos años y que me han ayudado a tomar perspectiva. Y posiblemente una de las más importantes sea que cada día me importe un poquito menos lo que opinen de mí. Es evidente y sé que siempre me interesará saber, en ciertos aspectos, la valoración que la gente tiene sobre mi manera de ser, porque, insisto, es completamente natural, pero desde luego estoy consiguiendo que se reduzca ese nivel casi obsesivo que me impedía ser yo o tomar las riendas de mi propia vida.

Me ayudó mucho, en primer lugar, asimilar que no era el ombligo del mundo. Que no todo giraba en torno a mí. Es más, que a mucha gente en el fondo le daba exactamente igual quién era yo, lo que opinara o lo que hiciera. Quizás tuvieran una apreciación sobre mí, realizaran un comentario o discreparan con algo que dijera o hiciera, pero ¿cuánto duraba exactamente esa opinión?, ¿unos minutos?, ¿un par de comentarios en un grupo de personas? Era una crítica pasajera y acto seguido cada uno continuaba embebido en su vida y en sus problemas.

> *Seamos honestas. Los seres humanos somos bastante egocéntricos, y solo nos importamos a nosotros mismos.*

¿Iba a dejar de hacer algo que quería solo por evitar la opinión efímera de alguien que, muy probablemente, se fuera a olvidar de ello en los siguientes diez minutos? La respuesta que me di fue contundente: no.

Por otro lado, ¿por qué iba a tener en consideración la opinión de cualquiera? ¿Acaso era igual de importante la de alguien que ni me conocía ni aportaba valor a mi vida que la de una de mis mejores amigas, por ejemplo, que sabía que me quería y que lo hacía con toda la buena intención? Por supuesto que no, me dije de nuevo.

Esas opiniones debían tener valores distintos, y esto también tuve que aprender a diferenciarlo. No se trataba de hacer oídos sordos y obviar las críticas de los demás, se trataba de escoger con mucho cuidado cuáles tener en cuenta y cuáles, simplemente, descartar.

> *Hay personas que te harán críticas constructivas porque desean lo mejor para ti, pero tienes que saber distinguirlas de aquellas que solo quieren hacerte daño.*

Como digo, la gente se podía equivocar, pero lo hacía desde el amor y desde las buenas intenciones. Se trataba de escuchar sus razonamientos y ser consciente de que me lo estaba diciendo alguien con una manera de ser, de pensar y con unas circunstancias distintas a las mías. Aprendí que no tenía por qué coincidir con esa forma de pensar, pero sí podía reflexionarlo y llegar a la conclusión de que tenían razón o simplemente podía decirles que no estaba de acuerdo, aunque agradecía su opinión. Y continuar con aquello que tenía pensado hacer. Y si luego resultaba que me equivocaba, pues... ¡Sorpresa! ¡Soy humana! En ocasiones no importaba lo mucho que alguien me dijera que no hiciera algo. Tenía que vivir en mis propias carnes que, en efecto, no era buena idea hacerlo. Así aprendí multitud de lecciones, como todos, imagino.

A mi madre, por ejemplo, siempre la he tenido en un altar. Ha sido y es para mí la voz de la verdad, y la quiero y admiro tanto que cada cosa que dice va a misa, pero al igual que yo es humana, no una superheroína —aunque el noventa y nueve por ciento del tiempo lo parezca—, y tiene una personalidad diferente a la mía, y ha vivido en una época distinta, y viene de un contexto que, si bien parecido, no es el mismo, por lo que a veces, simplemente, se equivoca.

Empezar a hacer lo que crees que es lo mejor para ti, a pesar de que opiniones ajenas te digan lo contrario, no es una tarea fácil, sobre todo si hacías lo que la gente esperaba que hicieras, pero debes comenzar poco a poco a escuchar a tu voz interior y dejar que la del resto de personas se convierta en un ruido de fondo, como si fuera una mosca cojonera. Al principio será incómodo —y quiero decir, «normal»—, no estás acostumbrada a ese sentimiento de enfrentarte a hacer lo que quieres. No se trata de que de golpe tomes la decisión más loca y de pronto te tires en paracaídas, sino de que si mañana te pones un vestido que te encanta y tu hermana te dice que no le gusta y que te queda mal, te pares a pensar un segundo si a ti te gusta de verdad, y si es así, pues, hala, ¡p'alante! Y salgas de tu casa con él, aun sabiendo que habrá gente a la que no le va a gustar, y te vayas acostumbrando a esa sensación de incomodidad hasta que llegue un día que desaparezca.

Yo no me rendí cada vez que alguien me dijo que no era buena idea lo de subir vídeos a internet, o lo de hablar de mis sentimientos en un pódcast... Si lo hubiera hecho, no estaría aquí escribiendo este libro. A veces hay cosas que llevas dentro que tienes que hacerlas, le pese a quien le pese.

Querida amiga:

Realmente a nadie le importa
tanto lo que hagas o dejes de hacer.
Todos estamos demasiado preocupados
por nosotros mismos.
Sé libre y haz lo que te dé la gana.

Es esencial saber de quién
admitir una crítica.
No aceptes una de quien
no aceptarías un consejo.

Si te equivocas, aprenderás
de ello y lo tendrás
en cuenta para la próxima.
Cometer errores forma parte de la vida.

15

CUANDO NO TE GUSTA LO QUE VES EN EL ESPEJO

unca fui una niña con complejos. Por supuesto tenía mis días y mis momentos, pero en general considero que he tenido una infancia muy feliz en ese aspecto. No me podía importar menos la apariencia, únicamente estaba centrada en hacer amigos, pero por desgracia esta despreocupación no duró mucho. Recuerdo de manera muy nítida la primera vez que empecé a retraerme con algo relacionado con mi físico, y fueron las ojeras. Con unos trece años, ya entrando en la adolescencia y no sé muy bien por qué, una vocecilla en mi cabeza comenzó a decirme que las tenía espantosas, muy oscuras, que tenía aspecto de enferma y que eso me hacía fea.

Las primeras horas de la mañana para mí eran las peores, tener que enfrentarme a la clase, donde estaban todos mis compañeros, con esas ojeras tan terribles según yo, era un auténtico mal trago.

De camino al colegio siempre llevaba la cabeza agachada para que nadie tuviera que verlas, como si a los viandantes que estaban a esas horas yendo a sus trabajos y haciendo sus vidas les fuera a importar las ojeras de una cría de trece años. Por supuesto yo en ese momento no era capaz de racionalizar nada de eso, mi pensamiento catastrófico me decía que era una absoluta aberración tener esa cara y que la gente tuviera que verla. En cuanto llegaba a clase, procuraba no tener que mirar a nadie directamente a los ojos para que no se dieran cuenta de mis «terribles» ojeras y bolsas —que también las tenía— y no recibir ningún comentario al respecto. Era lo que más me obsesionaba.

También empecé a utilizar productos que le cogía a mi madre a escondidas para intentar taparlas, pero como no sabía maquillarme aún, me equivocaba y me echaba todas las mañanas cacao en barra pensando que eso era un corrector para eliminar imperfecciones. Imagínate el nivel.

De las ojeras pasé a los granos, de los granos a mis entradas en el cabello y de las entradas en el cabello pasé al melón más grande: el cuerpo.

Siempre he tenido un cuerpo muy normativo, ni muy gorda ni muy delgada, por lo que por lo general nunca recibía comentarios sobre esto y, en consecuencia, no tuve problemas de autoimagen respecto a la figura. Pero todo cambió cuando empecé la adolescencia, ya que, como es lógico, al hacerme mayor el cuerpo cambió. No iba a estar toda la vida con el mismo que tenía cuando era una niña, y cogí unos cuantos kilos. Esto no hubiera supuesto un problema de no ser porque empecé a recibir comentarios de mi entorno que se me quedaron profundamente grabados:

—Has cogido peso, ¿no? —me decía alguien.

—Uyyy, este verano has comido mucho, por lo que veo —me aseguraban otros.

—Antes estabas más guapa, menos rellenita —se empeñaban en recordarme.

—Estás gorda —señalaban sin ningún pudor.

Algunas críticas, aparentemente inocentes, venían de personas que me querían y otras, a modo de burla, de aquellas que solo pretendían hacerme daño. Una de estas críticas la leí en una página web en la que podías poner cualquier cosa de forma anónima a la gente que tuviera una cuenta, y yo, por supuesto, tenía una, y estos comentarios comenzaron a ser recurrentes. De pronto me miré al espejo y fui consciente de mi imagen corporal por primera vez en mi vida. «¿Será verdad que estoy gorda?», me dije. Me agarré cada pliegue de la piel y analicé cada parte del cuerpo y con mucha frustración me comprometí a adelgazar. No me veía guapa, no me gustaba, estaba segura de que nadie me iba a querer, esta vez por mi físico.

Empecé haciendo diez minutos de ejercicio todos los días. Saltaba a la comba, salía a caminar, dejé de comer bollos y comida considerada basura. Y todo esto, si hubiera sido en su justa medida, no habría supuesto un problema, ya que son hábitos sanos, la cuestión es que yo con mi pensamiento blanco o negro, lo llevé al extremo y me obsesioné.

Luego hice cosas que no había hecho jamás: machacarme en el gimnasio y contar las calorías de cada alimento. Y no porque quisiera estar más sana, no, esa era una mentira que me decía a mí y a los demás cuando me preguntaban a qué venía tanta obsesión con el tema, sino que era porque quería estar delgada. Punto. Ese era el único fin. Además, hablo de la época en la que estaba muy de moda —aunque considero que todavía lo sigue estando— estar delgada. Por entonces los ángeles de Victoria's Secret eran vistos como el canon máximo de belleza, y el concepto *thigh gap* —tener un espacio entre las piernas al juntarlas—, el no va más.

Lo que sucedía en mi mente de forma simplificada era lo siguiente: estar delgada es sinónimo de ser guapa y de ser aceptada en esta sociedad, por lo que es algo que yo tengo que lograr sí o sí. Con lo cual, los factores externos no colaboraban a tener una relación sana con el cuerpo y la comida.

Me obsesioné hasta tal punto que mi máxima prioridad era entrenar a diario y comer cosas con pocas calorías. Digo pocas calorías porque decir que comía sano sería engañarte, ya que incluso yo me creí el cuento de que comer sano era ingerir alimentos con pocas calorías, cuando no tiene nada que ver. Mi dieta no era nada equilibrada, solo buscaba sumar la menor cantidad de calorías al día, por lo que no tenía en cuenta qué nutrientes estaba ingiriendo, eso me daba lo mismo.

Deja de ver la comida como a una enemiga, como aquello que te hace estar fea y te hace sentir culpable.

Dejé de hacer planes con amigas porque tenía que salir a correr, dejé de ir a restaurantes porque tenía que comer cosas sanas. Si íbamos de vacaciones, no me permitía tomar ni un helado. Si decidía comer algo que consideraba poco sano, automáticamente sentía la necesidad de machacarme en el gimnasio y quemar todo lo comido. Lo que en aquella época consideraba como disciplina, en el fondo era una tortura completamente innecesaria. Yo no necesitaba adelgazar, y mucho menos adelgazar tanto.

Cada kilo perdido era una victoria, y cada día que no hacía ejercicio o que me comía un dónut me provocaba una enorme sensación de culpa. Por supuesto, todo esto estaba relacionado con la autoexigencia y el perfeccionismo que llevo en las venas, lo que pasa es que no me di cuenta hasta que comencé a ir a terapia.

Llegué a estar terriblemente delgada. Con uno cincuenta y ocho de estatura pesaba apenas cuarenta y seis kilos, lo cual era un peso bajo para mi complexión y edad. ¿Y sabes lo peor de todo? Que cuando iba a un médico o me hacía un estudio de índice de masa corporal y me salía infrapeso, me alegraba. O sea, me estaban diciendo que mi peso estaba más bajo de lo normal, y que eso no era saludable para mí, y yo me sentía feliz porque eso significaba que era delgada y que, por lo tanto, era guapa y aceptable en esta sociedad.

Que no te coman el cerebro con el peso. Da escalofríos solo pensar en las burradas que hacemos por vernos delgadas.

En paralelo a esto comencé, como te comentaba, a tener problemas de ansiedad, lo cual hacía que se me cerrara el estómago, que no tuviera ganas de comer y que perdiera aún más peso. Me encontraba tan mal psicológicamente que mi obsesión con el físico pasó a un segundo plano, ya que yo solo deseaba estar bien y sana de cabeza, por lo que entrenaba solo cuando me sentía con ganas y comía las cosas que quería y cuando quería. Ya no tenía fuerzas para obligarme a hacer algo que no deseaba, y relativicé todo el tema del físico. Me preguntaba si el aspecto era tan importante, y de qué servía estar «buena» por fuera si por dentro estaba hecha una mierda. ¿Cómo fue posible que durante tanto tiempo hubiera estado ofuscada con algo tan superficial? Esa época fue un despertar para mí en muchos aspectos, y el tema de la autoimagen no iba a ser menos. Poco a poco fui dejando atrás esta obsesión y a medida que mi ansiedad mejoraba, también lo hacía mi relación con el deporte y la comida.

Empecé a comer sin culpa, a entrenar solo cuando en realidad me apetecía, dejé de cancelar planes únicamente porque no cumplían con mis exigencias alimenticias... Recuperé de manera progresiva todos los kilos perdidos y gané unos cuantos más, a los que yo llamo los kilitos de la felicidad, porque así son, me recuperé de la ansiedad y me volvió el apetito. Estaba más relajada y solo quería disfrutar de la vida después de la mala racha que había pasado, así que ni de broma me iba a poner a contar calorías.

Y si bien haber ganado peso me ha hecho sentir incómoda en ciertos momentos, nunca he vuelto a esa obsesión tan enfermiza que tuve antes. Tengo la lección aprendida. La prioridad para mí ahora es estar sana y feliz, y si eso implica tener unos cuantos kilos más, bienvenidos sean.

Sé consciente de que nadie es perfecto, de que todos tenemos complejos, y no permitas que esto te haga infeliz o te sientas incapaz de hacer aquello que quieres.

Aprendí también que el amor propio no consistía en decirme que no era perfecta, sino más bien que era humana, y que tenía, como todos, inseguridades. Era normal y lo acepté. Los complejos dejaron de frenar mi vida.

Creo que hay mucha liberación y existe mucho poder en saber reconocer las cosas que no te gustan en vez de tratar de ignorarlas o poner un parche sobre estas. Son muchos los motivos que te pueden hacer ganar o perder peso, cada persona tiene sus batallas y el resto no sabemos nada de ellas, por eso no hay que opinar sobre los cuerpos ajenos, ni siquiera si sientes que lo estás haciendo con cariño o por su bien, porque desconoces cómo puede repercutir ese comentario en la gente.

Fui demasiado exigente con mi físico y, sinceramente, no debí culpabilizarme. Pero cómo no iba a serlo en una sociedad en la que se nos están imponiendo una serie de cánones y estereotipos que te dicen que solo eres válida si encajas en cierta talla, que solo eres guapa si cumples con ciertas medidas y que ponen en el punto de mira siempre el aspecto de la mujer.

Querida amiga:

Pon el foco en lo verdaderamente importante, en estar sana, cómoda y feliz con tu cuerpo.

La vida es demasiado corta como para pasártela obsesionada con las calorías y el ejercicio.

Que tengas complejos físicos o que haya días en los que no te veas bien no significa que tengas que dejar de salir a la calle, vestirte como te dé la gana y ser quien quieras ser.

16

AMORES TÓXICOS

Siempre he sido una enamorada del amor. Una romántica empedernida cuya única misión era encontrar el alma gemela con la que compartir el resto de sus días, una de esas ilusas que cree en el amor para siempre... Y aunque sigo siendo así, estas ideas han ido evolucionando con el tiempo —y menos mal, porque si no hubiese acabado muy mal—. Ahora entenderás el porqué.

Al principio solo quería encontrar a mi media naranja, buscaba con desesperación al príncipe azul de las películas, sentir esas mariposas de las que tanto se hablaba. El enamoramiento eterno, el yo soy tuya y tú eres mío. Básicamente, tenía una imagen muy poco realista y bastante tóxica de lo que es el amor, fundamentada en la dependencia de la otra persona para ser feliz. Esto me hizo tener una manera de relacionarme, digamos, no del todo sana, ya que el simple hecho de tener en la cabeza que por mí misma no era bastante y que necesitaba que otro ser humano me complementara, era suficiente para generar una serie de inseguridades, dependencia y complejos que afectaban sí o sí a mis relaciones, pues estaba con los chicos no porque quería, sino porque sentía que los necesitaba.

> No concibas a tu pareja como algo de tu propiedad, ya que no lo es. Una relación sana se conforma por dos seres individuales que deciden compartir su vida, pero esa persona no te pertenece.

Era imposible no acabar teniendo una relación tóxica con esta serie de creencias. Siendo aún adolescente, con mis dieciséis añitos, me enamoré de un chico teniendo toda esta mochila de inseguridades. Entré inocentemente en una relación sin saber lo mucho que sufriría a causa de ella. Imagínate, si ahora no tengo ni idea de la vida, cómo sería la cosa entonces. Pero el amor no entiende de nada de esto, te enamoras y que sea lo que tenga que ser.

Al principio todo era muy bonito, típico amor de dos jóvenes con las hormonas por las nubes que se encuentran en el camino y conectan, se divierten y deciden compartir todo lo que son. Era la primera vez que tenía una relación medianamente seria con alguien, la primera vez que tenía citas de verdad con alguien: íbamos a cenar, hacíamos planes, conocí a su familia, viajábamos juntos... En ese momento sentía que había conocido a la persona con la que iba a pasar el resto de mi existencia.

Sin embargo, poco a poco, a medida que la relación se iba haciendo más estable, comenzaron a invadirme los miedos. ¿Y si no soy suficiente para él? ¿Y si me deja de querer? ¿Y si se va con otra? ¿Y si no soy el amor de su vida?... No sé muy bien de dónde nacieron todas estas ideas, creo que fueron consecuencia de haber pasado ya la etapa de enamoramiento que de alguna manera me aseguraba que estaba coladito por mis huesos, y al hacerse la relación más estable y, por lo tanto, más monótona, comencé a temer que perdiera interés por mí.

Como resultado de todas estas incertidumbres, las actitudes tóxicas no tardaron en aflorar y, casi sin darme cuenta, empecé a hacer cosas que, a pesar de saber que estaban mal, no podía evitar. Era casi una compulsión irremediable: comencé a revisar su móvil cuando se lo dejaba en algún sitio para ver si estaba hablando con alguien más, a mirar qué personas nuevas le habían seguido en sus redes sociales, me molestaba que saliera con sus amigos, que no me dedicara todo el tiempo de su día, le cuestionaba constantemente todo... Él, por supuesto, empezó a ser consciente de esto, y sentía que la situación le sobrepasaba, ya que, a pesar de que hacía lo imposible por tratar de calmarme y hacerme saber por activa y por pasiva que nada de lo que estaba en mi cabeza iba a suceder, para mí nunca era suficiente.

No dejes que los miedos ganen terreno día a día en tu mente.

Desde luego que para mí todas estas actitudes estaban justificadas, ¿cómo no iban a estarlo? Mi cerebro era un enjambre de abejas lleno de inseguridades, y la única manera de rebajar esta angustia era a través del control. Tenía que asegurarme de que ninguno de mis temores —me va a abandonar, se va a ir con otra, no soy lo suficientemente guapa, ya no me quiere como antes...— se hicieran realidad.

No era consciente de que por más que intentara dominar cada una de las situaciones, todos esos miedos que tenía se encontraban fuera de mi control. En realidad, no podía hacer nada para impedir que me dejara o no de querer, me fuera infiel o no, le parecieran atractivas otras personas o no... Podía, por supuesto, tratar de ser la mejor versión en mi relación y hacer lo posible por tener un noviazgo sano y feliz.

> *No se trata de que descuides tu relación y a tu pareja, no, sino de que reconozcas que hay situaciones que se encuentran fuera de tu control.*

La simple idea de que esto pudiera suceder, aumentaba mi obsesión, además de producir el efecto contrario en la otra persona, ya que cuanto más lo encerraba y más le privaba de su libertad, más ganas tenía de salir corriendo. Paulatinamente, estas actitudes fueron aumentando, al punto de convertir la relación en discusiones constantes, faltas de respeto, reproches, posesividad, celos, ansiedad... Una auténtica pesadilla. Aquello ya ni era amor ni era nada, era una batalla. Hicimos de algo precioso un infierno.

Recuerdo un día en el que discutí con él por teléfono y mi hermana estaba cerca de mí. Al colgar, consternada, me miró y me dijo:

—¿Pero tú te has fijado en cómo os habláis? Os gritáis, os insultáis, os faltáis el respeto... Esto no está bien, Cris, tenéis que pararlo.

En ese momento exacto me di cuenta de que llevaba meses normalizando cosas que no eran normales. Además, siempre he creído que las actitudes tóxicas se contagian de cierta manera, es decir, uno de los dos empieza a tener estos comportamientos dañinos y el otro, al verse restringido y controlado, pretende hacer lo mismo: si tú no me dejas salir con mis amigos, tú tampoco saldrás con tus amigas; si tú me revisas el móvil, yo también tengo derecho a revisarlo; si tú me reprochas todo lo que has hecho por mí, yo también te reprocharé todo lo que he hecho por ti... Y de esta manera el bucle de control nunca termina.

Y llegó un día en el que supe que ya no era feliz en esa relación, me había convertido en mi peor enemiga, no estaba tranquila, vivía con ansiedad constante, comprobando todos y cada uno de los aspectos posibles y había hecho de la persona a la que tanto quería mi rival, pero no podía dejar esa relación porque era toda mi vida, por lo que intentar huir de ahí se convirtió en un auténtico laberinto sin salida.

Era una especie de ni contigo ni sin ti, estando contigo sufro y no soy libre, pero si estoy sin ti siento que me voy a morir, porque he depositado en tu persona todo mi amor propio, mi identidad, mi felicidad. Por fortuna, mi pareja tuvo el valor que yo nunca tuve y decidió romper. En ese instante creí que no sabría cómo iba a afrontar la ruptura.

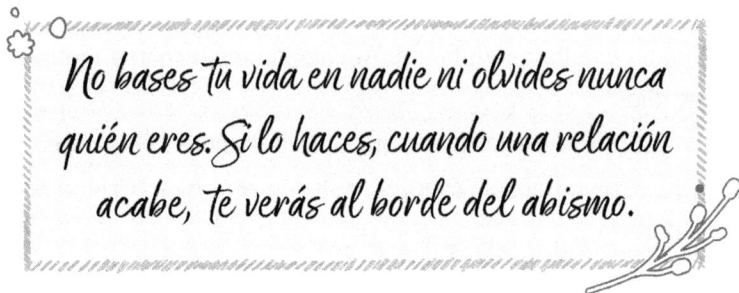

> No bases tu vida en nadie ni olvides nunca quién eres. Si lo haces, cuando una relación acabe, te verás al borde del abismo.

Para mi sorpresa todo fue mucho más natural y rápido de lo que imaginé, ya que pasé, creo, el duelo de la separación dentro de la propia relación, porque, sí, pienso que esto es posible. Vi que eso se iba a acabar, que ya no iba a ningún lado, que ambos estábamos quemados, y me preparé psicológicamente para lo que venía casi sin darme cuenta.

Quizás te preguntes que si lo vi venir, por qué no lo deje yo y listo. Pues porque no era tan fácil, especialmente porque, como te he dicho, tenía mucha dependencia. Sabía que se terminaría, ya que la situación era insostenible, pero al mismo tiempo quería alargar las semanas lo máximo para no sufrir. Sin embargo, poco a poco me fui desencantando y haciendo a la idea de que antes o después esa persona desaparecería de mi vida.

Las primeras semanas tras la ruptura fueron de mucha tristeza, sentía que acababan de quitarme un pedazo de mí, y me encontraba perdida. Mi familia intentaba animarme como buenamente podía. Recuerdo a mis padres teniendo charlas de horas conmigo para hacerme ver que no era el fin del mundo, que ellos también habían pasado por lo mismo y que al final todo sana. Esas conversaciones en verdad fueron reparadoras, siempre han estado ahí para mí, aunque me diera vergüenza el tema que tuviera que tratar.

La mañana, nada más despertar, era el peor momento del día. En cuanto abría los ojos me venía todo de golpe y volvía a ser consciente de lo que había ocurrido. Por supuesto, ya no estaban los mensajes de buenos días, ya no le podía contar mis planes, cómo me encontraba o qué era lo que sentía en ese instante. Una persona que lo fue todo, de la noche a la mañana se convirtió en un absoluto desconocido. Fue bastante impactante. Pero había una cosa que tenía muy clara desde el principio: no iba a rogar amor, no iba a mendigar cariño, no iba a obligarme a encajar en un lugar en el que no se me estaba dando el hueco que merecía.

No quieras estar en la vida de nadie que no quiera estar en la tuya.

Esta máxima la he aplicado en toda clase de relaciones, pero concretamente en las de pareja. Me sirvió mucho interiorizar esto para superar aquella ruptura. Es evidente que es más fácil decirlo que hacerlo, pero una vez llegué a esa conclusión y lo interioricé, me permití avanzar.

Era momento de centrarme en mí, de reparar el daño que me había hecho, de entender cuáles habían sido mis errores y de dejar de buscar tanto el amor en otros y empezar a encontrarlo en la persona más importante: yo.

Esta relación salió mal, muy mal. Durante muchos meses me estuve culpando por lo sucedido, lo sentía como un fracaso e incluso me avergonzaba de lo que había pasado. Pero con la perspectiva que da el tiempo aprendí que todo ello me sirvió, que esa relación, a pesar de haberme hecho tanto daño siendo tan joven, me enseñó muchísimo sobre el amor, me hizo ser consciente de lo que jamás debía volver a permitir en una relación.

Valora tu independencia y no deposites el amor propio en nadie.

No he vuelto a permitir las faltas de respeto, ya que una vez que cruzas esa línea, es muy difícil volver atrás, y no hay nada que deteriore más las relaciones que esto, y sé que, aunque yo tuve muchas actitudes reprochables, en las relaciones no solo existe un culpable, simplemente éramos inmaduros, inseguros y no supimos hacerlo mejor.

Soy fiel creyente de que todas las personas que pasan por tu vida te enseñan algo, dejan su huella en ti y forman parte de tu proceso vital, de quién eres hoy en día, por lo que no me arrepiento de aquella relación, sin embargo, tampoco olvido. Siempre tendré esta experiencia para recordarme lo que no es el amor, y no pienso repetir esos errores.

Querida amiga:

El verdadero amor no tiene nada
que ver con el control ni con la posesión.
Esto es puro egoísmo.

No romantices la montaña rusa
de emociones en una relación. A la larga
esto solo te traerá problemas y dolor.

Por más que intentes controlar a
esa persona a causa de tus inseguridades,
hay situaciones que escapan de tu control
y debes aceptarlo. Si no, incurrirás en
actitudes tóxicas que dañarán la relación.

17

LOS
«CASI ALGO»

Tras aquella turbulenta relación y en este tiempo de soltería, conocí a un par de chicos con los que tuve esa clase de trato en el que a pesar de que existía una clara complicidad entre ambos, pasábamos mucho tiempo juntos, nos escribíamos a diario y teníamos citas como si fuéramos pareja, no éramos nada. En definitiva: éramos «casi algo».

Esas experiencias me hicieron aprender bastante sobre este tipo de relaciones tan agitadas. Normalmente en ellas siempre hay una de las partes que desearía dar un paso más y formalizar la cosa, y la otra que le tiene pánico al compromiso pero que al mismo tiempo no quiere renunciar al cariño y la atención que recibe, por lo que hace un jueguecito de tira y afloja con el que mantenerla enganchada. Esto es prácticamente de manual y resulta muy fácil caer en la trampa.

Creía que si lograba conseguir lo que parecía que no estaba a mi alcance, me haría sentir la mujer más especial del mundo. Que si era capaz de conquistar al chico rebelde, inaccesible, y que se veía a lo lejos que no planeaba tener nada serio —a pesar de que a veces me despistaban sus comportamientos— y lograba que se enamorara de mí, significaría que era la bomba y eso llenaría mis vacíos y mis inseguridades, porque me haría sentir única.

> *Por algún motivo nos encanta lo que no podemos tener, lo inaccesible. Lo vemos como un reto.*

Y allá que iba, a ciento ochenta kilómetros por hora contra un muro de hormigón. El gran problema es que el noventa por ciento de las veces la que acababa profundamente enganchada era yo. Ellos tan solo jugaban con mis sentimientos. Jugaban al despiste conmigo porque, a pesar de que no querían tener una relación estable, tampoco querían perderme.

> *En estas «casi» relaciones, sé consciente de que si no juegas bien tus cartas, puedes acabar destrozada emocionalmente.*

Era un comportamiento un poco egoísta, pues sabían que yo ya estaba enamoradísima hasta las trancas y se beneficiaban de ello. Un día me trataban como a una princesa, me presentaban a su familia y a sus amigos, me contaban todos sus secretos, y al siguiente no me respondían a los mensajes, me decían que mis actitudes les agobiaban, y de esta manera producían una situación de adicción en mí.

Si te pasa lo mismo, ten claro que no te mereces eso. Tú, que estás dispuesta a entregar tu corazón, a querer de forma incondicional, a ser leal, a tener sentimientos puros, no te mereces estar con alguien que juega con todo aquello para su beneficio, para entretenerse o para alimentar su ego, y aunque a veces sea difícil, porque no hay más ciego que el que no quiere ver, tienes que darte cuenta de la situación.

> No te dejes engañar por los pequeños detalles que tiene de vez en cuando y que te harán sentir querida. Forman parte de una estrategia y solo son migajas de amor.

Una persona que te quiere de verdad y que desea estar contigo te muestra ese interés a diario, es constante, no es intermitente, y esto es clave. Con esto no estoy diciendo que la relación tenga que ser perfecta ni que ambos tengáis que estar siempre dándolo todo, sino que tú puedas tener la certeza de que esa persona está interesada en ti y sus palabras tienen coherencia con sus acciones.

Yo tuve que darme cuenta desde el mismo momento en el que empezamos a conocernos y a pasar tiempo juntos de que no querían nada serio conmigo. ¡Pero no les hice caso! Me empeñé en que eso saliera, porque tal vez me encapriché o porque quería conseguir por narices que se enamoraran de mí, pero la realidad es que desde el inicio me estaban haciendo saber sus intenciones, sus límites, y si no lo acepté creyendo que al final terminaría convenciéndolos, tenía garantizado pasarlo mal en un futuro.

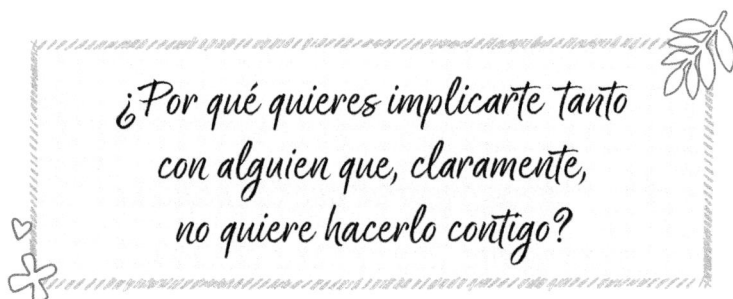

¿Por qué quieres implicarte tanto con alguien que, claramente, no quiere hacerlo contigo?

Trataba de forzar una reciprocidad que no estaba sucediendo de forma natural. Lo más triste de todo es que moldeaba mi personalidad a lo que creía que ellos querían o buscaban solo para captar su atención y convencerlos de que estuvieran conmigo.

Depende de con quién estuviese podía cambiar la forma de hablar, de vestir, las ideas e incluso los valores tan solo para que alguien que no me quería por como era se fijara en mí. ¿Cómo de triste es eso? Pero la ironía de la vida es que en la gran mayoría de las ocasiones solo cometiendo esta clase de tonterías supe lo que no quería en una relación, cómo quería ser tratada y qué es lo que buscaba en una persona. Así que, aunque doloroso, después de sobreponerme de las rupturas, aprendí de las experiencias.

Supe también que lo más importante para no caer en los «casi algo» y que me dañaran era tener muy trabajado el amor propio. Si sabía lo que era y lo que valía, no tenía la necesidad de que otros me «aprobaran» o me «validaran». Acepté que no todo el mundo se iba a enamorar de mí o iba a querer tener una relación seria conmigo, y eso no decía nada sobre mí, solo hablaba sobre los gustos o preferencias de las otras personas, que eran igual de válidos que los míos.

A partir de entonces no me anduve con medias tintas. Si percibía que un chico solo quería entretenimiento y que no terminaba de implicarse como lo estaba haciendo yo con él, frenaba la situación porque era consciente de que ahí no existía reciprocidad.

> *No malgastes energía con alguien que no la está recibiendo. Pasa página y enfócate en quien muestre un claro interés por ti.*

En mi opinión, deberíamos dejar de romantizar las relaciones inestables y turbulentas y empezar a valorar lo maravilloso que es tener a nuestro lado a alguien que nos transmite paz, calma y estabilidad, que está seguro de que quiere estar con nosotras, porque al final y a largo plazo eso es lo que, a mí por lo menos, me hizo feliz.

Querida amiga:

Los «a veces te amo,
a veces te odio» son propios
de las películas románticas,
pero en realidad eso no es amor.

No quieras estar en la vida de nadie
que no te quiere en la suya.

El amor sano es recíproco y constante,
no intermitente.

18

RELACIONES SANAS

Después de una época bastante revuelta en la que, por cierto, salí mucho de fiesta, contrariamente a lo que me gustaba, sin quererlo ni buscarlo apareció un chico que, a pesar de «no ser mi tipo», se terminaría convirtiendo en una de las personas más importantes de mi vida.

Ambos estudiábamos la misma carrera, doble grado en Derecho y Administración y Dirección de Empresas, en la misma universidad, en la misma clase, y ninguno de los dos supimos de la existencia del otro hasta segundo. Las aulas eran de casi cien alumnos, por lo que lo normal era que el primer año no llegaras a conocer a todo el mundo.

Un día de septiembre, al inicio de segundo, pregunté algo sobre unos trabajos que teníamos que hacer por el grupo de WhatsApp de clase y él me contestó con una broma, vacilándome. A mí eso me sentó fatal: «¿Quién es este y por qué me vacila así?», me dije. Y decidí escribirle un mensaje por chat individual.

A partir de ese momento intercambiamos mensajes a diario, sin conocernos de nada en realidad. Es más, les tuve que pedir a mis compañeras que me señalaran quién era porque ni siquiera le ponía cara:

—Es ese, el inglés —me indicaron.

Y algo en mí hizo clic. Me generó una enorme curiosidad. Continuamos chateando a través de las redes sociales hasta las tantas de la madrugada todos los días, pero éramos incapaces de mirarnos ni siquiera a la cara en clase. Mis amigas no hacían más que alentarme para que me acercara a hablarle, pero era incapaz. Él era tímido, pero yo, que siempre he sido tremendamente extrovertida, de pronto me convertí en una chica vergonzosa a la que se le hacía un nudo en el estómago todas las mañanas por si ese era el día en el que por fin éramos capaces de hablarnos.

Esta situación se alargó casi dos meses. Llegamos incluso a sentarnos al lado, codo con codo, y no intercambiamos una sola palabra, y luego, al llegar a casa, chateábamos como si nos conociéramos de toda la vida. Rozaba lo absurdo.

Las dudas y expectativas crecían más y más. ¿Y si no me gusta? ¿Y si no congeniamos bien? ¿Y si estoy sintiendo cosas por alguien que solo existe en mi imaginación? Esto me hizo colapsar hasta tal punto que le dije que el asunto era insostenible y que debíamos dejar de hablar por redes si no éramos capaces de hablar en persona.

Al día siguiente, contra todo pronóstico, tomó las riendas de la situación, me llamó por teléfono y me citó a cenar con él.

El amor convierte al tímido en valiente y al valiente en tímido.

Casi muero de los nervios, era el momento, por fin se iba a desvelar el gran misterio, y había dos posibles resultados: que no congeniáramos en absoluto o que conectáramos igual de bien que lo hacíamos por internet.

Quedamos en un restaurante en el centro de Madrid, yo no cené porque estaba tan nerviosa que tenía el estómago cerrado. Él tomó arroz con pollo al curry —comida que todavía hoy sigue siendo de sus favoritas— y yo me pedí solo una Coca-Cola. Y bueno, el resto es historia.

Todo salió mejor de lo que ninguno de los dos hubiéramos esperado: conectamos de inmediato. Va a sonar muy cliché, pero tuve la típica sensación de acabar de conocer a alguien y sentir que nos conocíamos de siempre de lo bien que habíamos congeniado. A la media hora ya estábamos de la mano. Desde ese 29 de octubre de 2017 no nos hemos separado ni un solo día.

Se ha convertido en mi mejor amigo, mi compañero de vida, de viajes, de alegrías y de penas, mi mejor consejero y mi gran amor. Con él he entendido que durante demasiado tiempo había tenido una idea completamente equivocada de lo que es el amor.

El amor no es egoísta, no es posesión, celos, control... El amor es paz, serenidad, seguridad, es desinteresado, no tiene malas intenciones.

Cuando realmente quieres a alguien, solo deseas que esa persona sea feliz, independientemente de que lo sea contigo o no. Con él no sentía mariposas en el estómago, con él sentía que estaba en casa, y en ese momento comprendí que en eso consiste el amor.

Pero esta transición no fue tan sencilla como parece. Al estar durante mucho tiempo relacionándome de manera tóxica con los demás, tener una relación sana suponía un cambio de esquemas bastante importante que me costó asimilar. Acostumbrada a las peleas, a la montaña rusa de emociones, a la posesividad, a los celos..., de pronto tener una relación tranquila, serena y que me aportaba seguridad me descuadraba por completo.

Al principio dudaba si me faltaba algo o si estaba con la persona adecuada por el simple hecho de no sentir esas emociones fuertes de mis antiguas relaciones. Pero en realidad se trataba de todo lo contrario. Esas «emociones fuertes» eran consecuencia de la toxicidad de la relación, de los enfados y las reconciliaciones constantes, algo insostenible y, por supuesto, nada sano.

Esto no quiere decir que en una relación sana no haya conflictos, no haya épocas peores y malentendidos, claro que los hay, pero en ningún caso son la norma.

Lo normal no es que estés día sí y día también discutiendo con quien decides compartir tu vida, por mucho que lo tengas normalizado.

En una relación tóxica cada vez que discutís sois el uno contra el otro, os convertís en enemigos. En una relación sana, por el contrario, siempre sois equipo, sois tú y él juntos contra el problema, siempre desde la comunicación, el respeto y el profundo amor que os tenéis. Los contratiempos se abordan de manera completamente diferente. Por eso es tan importante que te lleves bien con tu pareja, que sea tu mejor amigo, porque tú puedes adorar a alguien, sentir que le necesitas como el respirar, tener muchísima dependencia emocional hacia esa persona, pero no congeniar, no ser compatibles. Y eso, a la larga, siempre sale mal.

Para mí la enorme diferencia entre una relación sana y una tóxica es la necesidad. Evidentemente todos necesitamos de los demás en mayor o menor medida, somos seres humanos sociables y dependemos del resto para funcionar y ser felices, pero en ocasiones esta dependencia se vuelve exagerada y puede cavar la tumba de la propia relación.

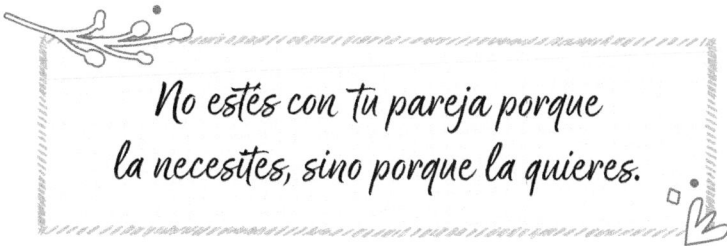

> *No estés con tu pareja porque la necesites, sino porque la quieres.*

Antes, como te he dicho, tenía la idea del amor romántico metida hasta en los tuétanos y no concebía una vida sin estar enamorada del príncipe azul, pensaba de verdad que jamás sería feliz a no ser que cumpliese con esa meta. Eso generaba la necesidad de tener a los demás en mi vida, porque significaba que estaba necesitando estar con alguien para que me complementara, lo cual me hacía tremendamente dependiente.

Sin embargo, gracias a mi chico, he comprendido que en una relación sana ocurre más bien todo lo contrario. Yo quiero estar con él, pero no lo necesito. Es decir, me siento plena y feliz por mí misma, y he conocido a alguien que me gusta y con quien deseo compartir lo que soy y lo que tengo, el camino de la vida, porque evidentemente va a ser más feliz y divertido, pero no es imprescindible. Eso no quita que si la relación se acaba sea terrible y muy doloroso, por supuesto, pero sé que podría recomponerme y seguir adelante, porque no había abandonado nada de mí, le había querido desde mi individualidad, desde quien yo era, sin renunciar a mis sueños, a mi familia, a mis amistades, a mi verdadera personalidad, y porque, además, nunca pretendió que yo renunciase a lo que me hacía feliz por él.

Con sinceridad, es una pieza fundamental en mi vida. El amor que siento hacia él no podría describirlo con palabras, porque no tiene límites, y definirlo sería limitarlo, pero si tuviera que decir algo, es que es mi ángel de la guarda en todos los aspectos, es la calma en la tempestad, la mano que siempre está para agarrarme cuando estoy a punto de caer, las palabras de aliento que me hacen creer en mí y en mis sueños y la mirada que me hace imaginar un futuro lleno de felicidad.

Me estoy poniendo un poco cursi, pero es que, de verdad, le quiero mucho. Y ojalá tú también encuentres o hayas encontrado a alguien que te quiera así de bien, que te valore, que te respete, que desee todo contigo, que te empuje a ser mejor día a día, con quien puedas construir un proyecto de vida lleno de cosas bonitas. Eso no significa que la relación sea perfecta, porque por supuesto que no lo será. Pasamos por etapas, por épocas mejores, épocas peores, épocas de enamoramiento máximo y otras de monotonía. Es normal. No puedes estar siempre en un pico de euforia, pero por encima de todo siempre estará el amor profundo que le tienes a esa persona.

El amor evoluciona con el tiempo. Comienza con una llama, con una luna de miel y se transforma en algo más puro y real, se transforma en familia.

A mucha gente le asusta el momento en el que deja de sentir ese hormigueo en el estómago. Piensa que el amor se ha acabado cuando en realidad no ha hecho más que empezar. En ese instante es cuando el verdadero amor, el que va a ser la base de una relación sólida y real, se inicia, pero más de uno prefiere tirarlo por la borda, confundiendo eso con aburrimiento, y repiten el error una y otra vez. Habrá etapas de la relación en las que vuelvas a sentir esas cosas como el primer día, pero eso no se sostiene en el tiempo.

Se trata de creer en la otra persona y apostar por ella, en querer desde lo más genuino y sincero de tu corazón, en ser siempre equipo y en saber que, por encima de todo, siempre estáis vosotros y el amor que compartís.

Querida amiga:

Una relación sana se construye, no llega por arte de magia, porque es inviable que el enamoramiento del principio dure para siempre, sea con quien sea.

Estar en una relación con alguien no debe sentirse como un tormento, sino que debe hacer tu vida mejor y más feliz.

La diferencia entre una relación tóxica y una relación sana no reside en no tener conflictos, sino en la manera de solucionarlos. Mientras en una relación tóxica os convertís en enemigos, en una sana sois equipo y resolvéis los problemas desde el amor y el respeto.

19

SABER
PONER LÍMITES

Para mí, sin duda, una de las claves de una relación sana es saber marcar y conocer muy bien los límites que tiene cada una de las partes. Al final, no deja de ser una especie de contrato en el que se establecen las bases de este y donde ambos sujetos «firman» si están de acuerdo con ellas o no. De esta manera se evitan malentendidos y decepciones.

Con el tiempo y la experiencia hoy puedo decir que tengo bastante claros cuáles son mis límites no negociables en una relación de pareja, y me gustaría compartirlos contigo.

En primer lugar, y como no puede ser de otra manera, el respeto. Tras haber tenido una relación tóxica en la que los gritos, los insultos y las palabras malsonantes estaban a la orden del día, esa es una línea roja que jamás volveré a traspasar y que jamás volveré a permitir que traspasen conmigo.

> *Cualquier falta de respeto hace daño,*
> *y una vez que se cruza esta línea,*
> *ya no hay vuelta atrás.*

Yo no era consciente de lo que podía destruir una relación las faltas de respeto hasta que lo viví en mis propias carnes. Al principio creía que eran solo palabras, que mi pareja entendería que estaba enfadada. No sabía del impacto que tenían esas palabras en la otra persona y en la relación.

Si hay un malentendido entre vosotros, hablad las cosas tranquilamente. Y si necesitas cinco minutos de silencio para evitar decir una barbaridad, concédete ese tiempo, pero jamás grites, insultes o utilices palabras agresivas con la persona a la que tanto quieres, porque si lo haces, poco a poco estarás haciendo mella en vuestra relación.

El respeto, por supuesto, también incluye el pacto de fidelidad que queráis establecer, y esto es algo muy personal que es distinto en cada pareja. No es lo mismo tener una relación monógama que una abierta, por lo que es importante fijar estas fronteras antes de que haya ningún equívoco.

Hay quien considera infidelidad que su pareja diga que otra persona es atractiva, lo cual a mi parecer es exagerado y nada sano, aunque tampoco me gustaría que la mía estuviera dando *likes* en sus redes sociales a mujeres que no conoce de nada, o lanzando piropos a chicas por la calle, o rompiéndose el cuello cada vez que una chica pasa a su lado. No por el hecho de que le parezcan guapas, sino porque es una actitud desagradable, y no solo hacia mí, también hacia ellas en el caso de los piropos y las miradas. No me apetecería convivir con alguien que tiene la necesidad de estar intentando llamar la atención de otras mujeres de forma compulsiva.

Por otra parte, también hay quien piensa que no hay problema en que su pareja tenga otros compañeros sexuales. Aquí hay un espectro muy amplio y se trata de que vosotros encontréis el punto en el que os sintáis cómodos.

Hoy por hoy, mi vida la centro en una sola pareja. A pesar de que comprendo el concepto de las relaciones abiertas, creo que es un modelo que no es para todo el mundo —y menos teniendo en cuenta cómo hemos sido educados—, y desde luego no lo es para mí.

> *Si una relación abierta te produce celos o sufrimiento, habla con tu pareja y sé sincera.*

Otro límite importante que me puse es que no infravaloraran mis sentimientos, que no tiraran por tierra lo que una situación concreta me hacía sentir, especialmente si era algo que había hecho o dicho mi pareja.

Me costó asimilar que alguien que me quería, siempre se iba a preocupar por cómo me sentiría, y sobre todo por cómo me haría él sentir, y aunque no entendiera del todo mis dilemas, mis debates internos, no subestimaría mis emociones porque me amaba y por encima de cualquier cosa querría que yo fuera feliz.

> *Una persona que te quiere siempre se preocupa por cómo te hace sentir.*

Esto fue importante para mí, teniendo en cuenta que soy una persona muy sensible y que muchas veces la gente no entiende por qué algo me hace llorar, me duele o me molesta. Estar con alguien que sea capaz de navegar estos momentos conmigo, de respetarlos —aunque, como digo, no los entienda— y de brindarme su cariño, comprensión y apoyo, es fundamental.

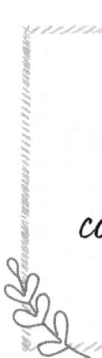

> *No hay nada que rompa más el corazón que decirle a tu pareja cómo te sientes y que te tilde de loca, dramática o exagerada.*

También fue esencial para mí entender que por encima de cualquier discusión o malentendido estaba nuestra relación, y debíamos resolver los problemas como un equipo y no como enemigos. Que no iba a existir el castigo o la ley del hielo. Que si algo de lo que había hecho o dicho le molestaba, no me ignorara durante horas y me castigara con el silencio en vez de aclarármelo. Las cosas había que hablarlas, debía existir una comunicación fluida.

Ignorarse cuando hay un enfado me parece muy injusto —a pesar de que yo, probablemente, habré pecado en más de una ocasión y habré hecho lo mismo—. Eso sí, he comprendido que cada uno tiene sus tiempos. Yo, por ejemplo, necesito solucionar las cosas al momento porque, si no, mi querida ansiedad se encargará de arruinarme el día llenando mi mente de terribles pensamientos. Sin embargo, hay personas que precisan tomarse sus minutos o incluso sus horas después de una discusión para aclarar sus ideas y permitir que se les pase el cabreo antes de decir alguna barbaridad —como antes hablaba— y que le falte el respeto a su pareja.

Creo que lo ideal sería encontrar un término intermedio. Unas horas podría llegar a entenderlo para que se relajara y volviera con las ideas más claras, pero lo que no permitiría sería que mi pareja estuviera dos semanas sin dirigirme la palabra, dejándome en ascuas, comiéndome la cabeza sobre qué he podido hacer mal, si va a volver o no va a volver... una y otra vez.

Ahora estoy con alguien que me hace sentir segura, en el sentido de no tener la sensación de que me va a abandonar a la mínima. Me hace saber que ninguna discusión arruinará nuestro amor, que puede que necesite un espacio, pero que lo sucedido no va a romper la relación.

> *Tras un enfado, no le dejes de hablar, no le ignores, no evites el contacto visual ni le respondas con monosílabos. Es una forma de castigo.*

Por supuesto ahora mismo y con mis años tampoco podría estar con alguien que no me permitiera ser yo misma al cien por cien. Si mi pareja tratara de hacerme cambiar, de moldearme a su gusto, de cohibirme, sería una señal bastante clara de que en esa relación no iba a ser feliz. No estoy intentando excusar mis defectos diciendo yo soy así y no voy a cambiar, porque no tiene que ver con eso, sino con que yo sienta que con esa persona puedo ser como soy, sin complejos, sin miedos, que puedo hablar como yo hablo, vestir como visto, desarrollar mis gustos, mis *hobbies*, tener mis ideas, mis valores, mis principios... Y que no me va a reprimir, ni a acomplejar ni a generar inseguridades. Que puedo ser genuinamente yo. Porque es la única manera de ser feliz, no solo en la vida, también en las relaciones.

¿Quieres estar con alguien a quien no le gustas tal y como eres? ¿Quieres estar con alguien que para que te quiera debes dejar de ser tú? Eso no va a funcionar, porque no podrás mantener esa máscara toda la vida y porque entonces ese amor no será real, esa persona se estará enamorando de su propio reflejo, no de ti.

Lo mismo sucede con los sueños, las ambiciones y las metas. Yo quiero a mi lado a alguien que me impulse a ser mejor, que me empuje a lograr aquello que tanto deseo, no que sostenga que mis sueños son una tontería y que deje de pintar «pajaritos en el aire» —me ha pasado—. Si tú decides compartir tu vida con una persona, es porque hace tu vida mejor, punto. En el momento en el que te acompleja, te frena, te hace la vida más complicada, deja de tener sentido compartirla con ella. Yo necesito junto a mí a alguien que crea profundamente en mi valía, incluso a veces más de lo que yo misma hago, que confíe en que tengo la capacidad de conseguir aquello que me propongo. Puede que no te lo creas, pero te prometo que existe esa clase de personas.

Los límites en el amor pueden sonar a «exigencias», pero en realidad no es así, simplemente es tener claro lo que quieres y buscas en una relación, y no conformarte con menos y, por supuesto, estar dispuesta a devolver exactamente lo mismo, porque cualquier tipo de vínculo debe ser algo que te aporte, no que te complete, porque tú ya estás completa. Encuentra hogar en tu pareja y no enfrentamiento.

Querida amiga:

Marcar límites no es ser egoísta,
es tener claro lo que quieres en
una relación y respetarte a ti misma.

Una relación de pareja es como
un contrato, hay que sentar las bases
para que no haya malentendidos
ni daños innecesarios.

Los límites se negocian con diálogo,
y cuando hay amor y respeto,
siempre se puede llegar
a un acuerdo.

20

QUERERSE:
EL COMIENZO
DE TODO

urante mi adolescencia y juventud incurrí en el error de creer que al ser yo muy extrovertida, eso significaba que tenía una buena autoestima, ya que por lo general tendemos a pensar que la falta de esta se presenta sobre todo en las personas que se muestran tímidas o que parece que desean esconderse del mundo, pero en mi caso no fue así.

Siempre he sido abierta, sociable, e incluso me ha gustado bastante llamar la atención. ¿Cómo iba a tener entonces una percepción de mí poco valiosa? Pero la realidad es que estas cosas no son incompatibles. Con el tiempo comprendí que en muchas ocasiones era tan charlatana, tan simpática y tan alegre porque trataba de compensar lo que sucedía en mi mente, que era el pensar que a todos les iba a caer mal y que no les iba a gustar.

Empecé a darme cuenta de mi falta de amor propio en el momento en el que fui consciente de que casi todo lo que hacía no era por mí, sino por los demás. Que estaba siempre buscando la validación por parte de los chicos, de mis amigas, de mi entorno e incluso de mi familia. Procuraba que tuvieran una buena imagen mía, tomar decisiones que complacieran sus gustos, hacer lo posible por encajar en el entorno y era incapaz de dar un no por respuesta para no molestar. La gran mayoría de mis decisiones no nacían de mi propio deseo, sino del de ser aceptada por el resto, que son dos cosas muy diferentes. Claro que reparar en todo esto no fue fácil.

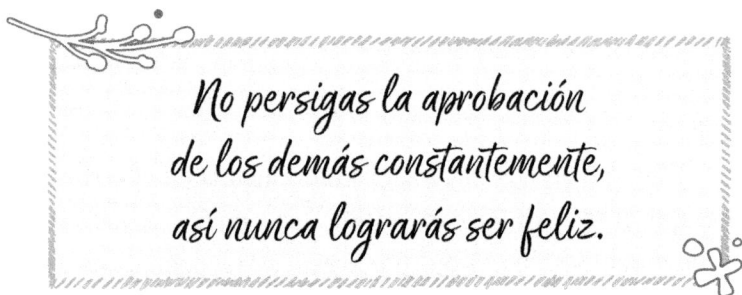

> *No persigas la aprobación de los demás constantemente, así nunca lograrás ser feliz.*

Cuando no te quieres, es posible que busques el amor que te falta no solo en personas ajenas, también en cosas externas: fiestas, cumplidos, relaciones amorosas, relaciones sexuales, drogas... Quizás todo esto, al menos durante un tiempo, logre sedar esa sensación de no quererte, aunque en el fondo sepas que ese vacío sigue ahí, por mucho que intentes autoengañarte.

En mi caso, siempre busqué el amor que faltaba en mi interior en la gente. Si no me quería yo, al menos que me quisieran otros, y así igual lograba llenar ese hueco. Precisamente de ahí nacieron las relaciones tóxicas, ya que estaba depositando algo tan importante como es la autoestima y la propia validación en otras personas, por lo que terminé dependiendo de la atención y el cariño que recibía de ellas, convirtiéndome en muchas ocasiones en esclava de relaciones en las que no era feliz, que no me llenaban, que no me aportaban, pero permanecí en ellas porque cualquier situación era mejor que renunciar a esa aprobación externa.

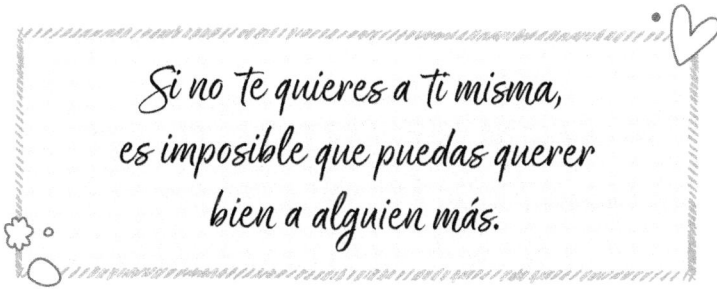

Si no te quieres a ti misma, es imposible que puedas querer bien a alguien más.

¿Y qué es en realidad quererse a una misma? ¿Por qué todo el mundo habla de aceptación y, sin embargo, nadie nos explica cómo se consigue? Resulta muy frustrante cuando no dejas de escuchar y de leer en todas partes que debes quererte más y que tienes que aumentar tu amor propio. ¡Vale! ¡Ya lo he entendido! ¿Pero cómo narices se construye esto?

No sé si en tu caso habrás recibido respuestas tan absurdas como que tienes que hacer reiki, yoga, comer únicamente comida orgánica y cero ultraprocesada, salir a correr una hora diaria, despertarte a las cinco de la mañana y darte una ducha de agua fría, ir de viaje sola a descubrirte o... secuestrar un unicornio y conseguir una oreja de hobbit. ¡AAAGHHHH! ¡Yo no tenía ni tiempo ni dinero para hacer todo eso! —Y... los unicornios no existen, ¿no? ¿O sí? Creo que estoy delirando—.

Si bien hábitos como comer saludable, hacer deporte, descubrir actividades que te conecten con lo que te gusta, etc., son importantes en el proceso y pueden ser de gran ayuda, muchas veces esta lista interminable de métodos para aumentar la autoestima y el amor propio, más que ayudarte te estresan y te hacen sentir aún más tonta e incapaz si no logras alcanzarlos. En vez echar una mano terminan poniendo todavía más presión, y yo, personalmente, no la necesitaba.

> *Aunque no existe una receta universal, encuentra la manera de no depender de nada ni de nadie para aceptarte.*

Existen claves que han contribuido a quererme más, pero el primer ingrediente mágico no ha residido en ninguna dieta, en ninguna clase de ejercicio ni tampoco en la repetición de ningún mantra, sino en algo tan simple y a la vez tan complejo como es la aceptación. He entendido que la autoconfianza es saber lo que valgo. He aprendido a reconocer y a potenciar mis cualidades, a creer en mí, a sentirme capaz, a llevarme bien conmigo misma, a conocerme, a respetarme y a hacer que me respetaran y a ser yo sin limitaciones. He aceptado que no soy perfecta, que hay ciertas cosas de mí que no me gustan, que habrá días en los que me sentiré muy capaz y otros en los que me costará hasta levantarme de la cama, y que todo ello es humano. Me he dejado la libertad de ser y sentir, y he comprendido que las inseguridades son normales y que no debo machacarme por el hecho de tenerlas.

Por fin sé que el amor propio y la autoestima no es ponerme delante de un espejo y decir: «Oh, Dios mío, mírame, soy perfecta, una divinidad del Olimpo, y amo cada rincón de mí», porque eso no me funciona, me resulta forzado y poco realista. Ahora, cuando estoy delante de uno, me digo: «Ah, mira, no me gusta mucho mi frente ni el pliegue que me sale en el brazo, pero no tiene que gustarme todo de mí, eso sí, nada de esto va a impedir que yo salga hoy de mi casa y siga haciendo todo aquello que tenga que ver con mis metas y mis valores».

> *Deja de resistirte a la idea de que no eres perfecta. Y no por ello permitas que las inseguridades se apoderen de ti y te impidan vivir como quieres.*

La segunda clave para mejorar mi autoestima y amor propio fue aprender a estar sola. Como ya te he dicho, en muchas ocasiones lo evitaba porque tenía pánico a enfrentarme a mi mundo interior, a esas voces que trataba de acallar en mi cabeza con incontables estímulos externos, entre ellos, la compañía de personas que ni siquiera me aportaban e incluso me hacían mal. Fue muy valioso plantarle cara a la soledad para fortalecer la seguridad en mí. Dejé de buscar el amor que pensaba que me faltaba en otros.

Cuando sientes que no sabes estar a solas, crees que no eres suficiente y que no puedes estar bien sin estar rodeada de otros, haciéndote sentir incapaz. No olvides que esta es la fórmula perfecta para acabar envuelta en una relación tóxica o abusiva, pues con tal de no sentir esa soledad vas a aguantar lo inaguantable y a permanecer en relaciones que no te hacen bien.

A veces, si no siempre, es preferible marcharse de esas relaciones —aunque esto implique pasar una temporada sin compañía— que quedarte en un lugar en el que no puedes ser tú, en el que no puedes ser feliz, y aprovechar ese tiempo para encontrarte, saber qué es lo que en realidad deseas, entender cuánto vales y dejar entrar en tu vida a personas que te aportan, y, sobre todo, a personas con las que compartir tu tiempo y tu energía porque quieres, no porque las necesites para llenar un vacío.

Cuando aprendí a disfrutar de la soledad, no dependí de los demás para hacer aquello que me gustaba. Mi propia compañía dejó de ser una pesadilla para convertirse en un lujo y en un privilegio que ya no entregaría a cualquiera. Por supuesto que la vida es mucho más divertida cuando puedes compartirla con gente a la que quieres, tampoco seamos hipócritas, pero una vez más se trata de querer compartirla con esas personas, no de necesitarlo.

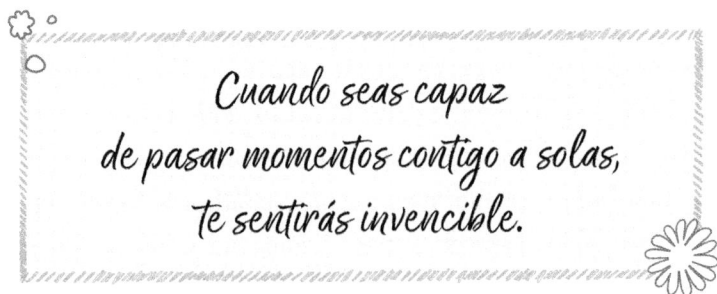

> *Cuando seas capaz*
> *de pasar momentos contigo a solas,*
> *te sentirás invencible.*

La tercera clave para mejorar mi autoestima y amor propio fue aprender a poner límites. Y sí, me costó horrores. Ya te he contado que siempre me ha resultado muy difícil decir que no.

Que he sido muy propensa a complacer a todo el mundo —por eso de que me importa demasiado lo que los demás piensen de mí—, por lo que accedía a hacer cosas que en verdad no quería hacer únicamente por caer bien, así intentaba controlar la percepción que los demás tenían de mí. No me daba cuenta de que cada vez que decía que sí a algo que no quería hacer, que iba en contra de quién yo era o de mis principios, estaba renunciando a mi felicidad, a mi independencia.

Tenía el chip tan programado para hacer lo que se esperaba que hiciera que había basado mi personalidad en lo que los demás querían que yo fuera, pero hubo un momento en el que escuché qué es lo que yo realmente deseaba, cuáles eran mis verdaderos valores y entonces empecé a actuar conforme a ellos.

No te digo que ahora, de la noche a la mañana, tengas que empezar a decir que no a todo y a todos. Comienza por pequeñas cosas, aquellas que ya haces por inercia sin ni siquiera pararte a pesar si quieres hacerlas. ¿Realmente quieres ir a esa fiesta que en el fondo no te apetece en absoluto, pero que vas para que no se enfaden contigo? ¿Realmente quieres comerte esa última croqueta a pesar de que estás superllena? ¿O lo haces para agradar a quien las ha cocinado? ¿Realmente te apetece apuntarte a pádel? ¿O te apuntas porque todas tus amigas van? Piensa si todo ello te apetece o si lo haces por costumbre, y pasa después a cuestiones más relevantes sobre qué es lo que quieres estudiar, a qué te quieres dedicar, tu orientación sexual, tus ideas políticas, tu religión... Pero vete paso a paso, poco a poco.

> *Nadie te va a respetar si tú no te respetas primero. Rebélate ante las situaciones que te hagan daño.*

La última clave para conseguir el amor propio y una buena autoestima fue quitarme de la cabeza la idea establecida de que para ser feliz debía encontrar una media naranja. Es decir, dejé de poner mi valor como persona en el cariño que recibía de otro. Había quien me quería y me valoraba, y eso era genial, pero mi valor como mujer no dependía de la cantidad de amor que recibiera. Yo solita era una naranja completa, capaz de ser plena y feliz por mí misma.

Todos los días me recuerdo estas claves y las pongo en práctica en cada aspecto de mi vida. Quizás no te resulte un camino sencillo. No te vas a levantar una mañana y dirás: «¡Hala!, ya tengo amor propio y autoestima porque me he leído este capítulo». No, será un proceso muy íntimo y que irás aprendiendo a base de tropiezos, pero la buena noticia es que nunca es tarde, no importa si tienes quince o sesenta años, jamás es demasiado tarde para decidir que vas a empezar a respetarte, a quererte y a priorizarte, sean cuales sean tus circunstancias.

Así aprendí yo a hacerlo y por ello me he convertido en la mujer que hoy soy. Tengo mis cosas buenas y mis cosas menos buenas. Cosas que adoro de mí misma y otras que a veces no puedo ni ver. Hay momentos que me siento capaz de todo y otros que solo quiero desaparecer. Hay partes de mi cuerpo que me encantan y otras que no son mis favoritas. Lo que sí tengo claro es que todo esto no debe impedirme que viva una vida plena y feliz, que tome las decisiones que me acerquen a mis sueños, a mis metas, a mis valores y a lo que yo soy. Independientemente de que un día me sienta más o menos guapa, más o menos capaz, más o menos suficiente.

Poco a poco me voy demostrando que incluso en aquellos días en los que mis inseguridades están a flor de piel, soy mucho más fuerte de lo que jamás imaginé. Que incluso aquellos días en los que me tiembla la voz del miedo, soy capaz de decir lo que quiero expresar. Porque no es valiente aquel que no tiene miedo a hacer lo que quiere, es valiente aquel que, a pesar de tener miedos, complejos e inseguridades, se atreve a superarlos.

Querida amiga:

Incluso los días que te sientas diminuta,
tienes el derecho de dejar tu huella
en el mundo, por pequeña que sea.

Recuerda que aceptar que eres imperfecta
no es sinónimo de sentirte incapaz,
sino de aceptar tu vulnerabilidad
y, junto con ella, perseguir
tus sueños y metas.

Aceptarte y quererte es el comienzo
para convertirte en la mujer que
realmente quieres ser.

PERSEGUIR LOS SUEÑOS

He sido desde niña una persona muy soñadora. A menudo me encontraba mirando por la ventana en clase y fantaseando con cómo sería mi vida ideal, mi futuro, mis pasiones, mis metas... Nunca le he puesto límite a mi imaginación en ese aspecto y me considero una joven muy ambiciosa.

El mundo creativo siempre me llamó profundamente la atención. Desde pequeña ya escuchaba mucha música, cantaba, bailaba, me grababa presentando programas de televisión ficticios, realizando coreografías e incluso anuncios publicitarios, sin embargo, se me inculcó que lo «correcto» era cursar una carrera que me diera salidas profesionales, una carrera «seria», ya que yo era muy buena estudiante y no podía «desperdiciar» mi futuro —entrecomillo las palabras correcto, seria y desperdiciar porque por supuesto no pienso así—. Por lo que, a pesar de tener tantos sueños artísticos, decidí aparcarlos para centrarme en acabar mis estudios y sacar la nota suficiente para entrar en una de esas carreras que, supuestamente, me convertiría en alguien de provecho. Por lo tanto, en ese aspecto he sido una estudiante muy responsable y tradicional. Terminé mis años de escuela e instituto en un colegio católico con un rendimiento académico bastante razonable, y saqué una muy buena nota en selectividad. Y por fin llegó el momento de elegir qué carrera universitaria iba a estudiar. Con mis dieciocho años, y más perdida que un pulpo en un garaje, tuve que decidir a qué quería dedicarme profesionalmente para el resto de mi vida. ¿Cómo se supone que tenía que saber cuál era mi vocación a tan temprana edad? ¿Cómo se supone que iba a tomar una decisión tan importante si ni siquiera me conocía del todo?

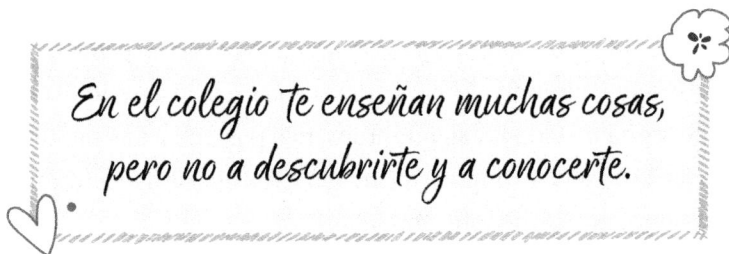

> *En el colegio te enseñan muchas cosas, pero no a descubrirte y a conocerte.*

Tras mucho dudarlo, decidí inscribirme en aquello que consideraba que era lo que «tenía que hacer» para cumplir con mi papel de niña juiciosa: un doble grado —no una carrera, sino dos— que tuviera prestigio y que me abriera muchas puertas a la hora de salir al mundo laboral: Derecho y Administración y Dirección de Empresas, seis años en una universidad pública. Sinceramente, creo que cuando la elegí, no estaba siendo consciente de la decisión que acababa de tomar. Por supuesto no estaba nada convencida, no tenía ningún tipo de vocación, pero decidí seguir adelante con ello.

En esos seis años hubo momentos muy felices: conocí a gente increíble, me enamoré de nuevo, viví la vida universitaria, disfruté de una etapa bárbara, estudié cosas interesantes, abrí mis horizontes y mi mente, salí de mi burbuja, ya que el ambiente y los compañeros eran muy diferentes de los del colegio que yo conocía. Todas estas distracciones hicieron que por primera vez suspendiera asignaturas y dejara de ser la buena estudiante que había sido. Sin embargo, también viví momentos muy duros, porque como ya te he dicho la ansiedad se hizo muy presente en esta época.

A pesar de todo, no me arrepiento de haber elegido la carrera, ya que hoy soy quien soy gracias a haber disfrutado de esas experiencias que vinieron de la mano de aquella decisión. Ese doble grado me amuebló la cabeza, me hizo conocer personas que ahora son tremendamente importantes para mí, mejoró mi forma de expresarme, estructuró mi manera de pensar y me dio herramientas muy útiles para el día de mañana. ¿Era mi vocación? No, pero fue una buena idea, y si tuviera que volver a elegir, no lo habría hecho de otro modo.

> *Todas las experiencias que vives van directamente a tu mochila vital y te enseñan algo.*

En paralelo a los estudios universitarios, empecé a sentir una gran necesidad de sacar esa vena creativa que durante tanto tiempo había estado escondida, así que decidí empezar a subir vídeos de música y *covers* de canciones a mi canal de YouTube, y todas las tardes al llegar a casa mi mejor plan era maquillarme y grabar música y vídeos. Es como si hubiera vuelto a mi yo de diez años.

Siento que esa esencia siempre estuvo ahí, y aunque traté de reprimirla, ya que «no iba a servir para mi futuro», al final la verdad acaba saliendo a la luz, y esa verdad es que yo tenía algo dentro que necesitaba sacar, e internet fue la mejor manera de hacerlo posible.

En el proceso tuve que enfrentarme a muchos miedos y complejos, como el qué dirán, las críticas y los comentarios de la gente de mi círculo más próximo, cosa que no era fácil de digerir.

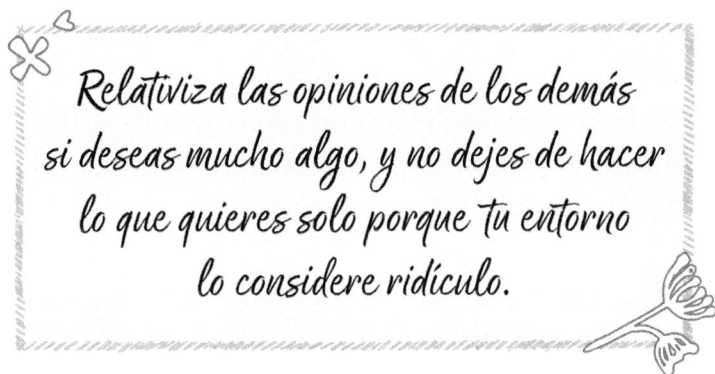

> Relativiza las opiniones de los demás si deseas mucho algo, y no dejes de hacer lo que quieres solo porque tu entorno lo considere ridículo.

Muchos no entendían mi pasión, no me comprendían y me criticaban. De todas formas, esto es lo fácil y decía bastante más de ellos que de mí. Conseguí sobrevivir a la carrera y a mi trastorno de ansiedad gracias al pequeño mundo que me construía cada tarde en mi habitación, con mi cámara, mi música y mi imaginación.

Un par de años más tarde, y tras haber pasado la época tan terrible de ansiedad, decidí que era momento de hacer un cambio en el contenido que estaba realizando para redes sociales y que quería compartir todas esas experiencias que había

vivido relacionadas con la salud mental, emociones, relaciones...
para que nadie se sintiera tan solo como yo un día me sentí, y
entonces es cuando lancé, como también te he dicho, «Como si
nadie escuchara», con la intención de abrirme en canal.

Para mi sorpresa, el pódcast triunfó, y a los pocos meses
ya tenía una audiencia bastante consolidada que me motivó,
cuando por fin terminé la carrera, a dedicar todo mi tiempo y
energía a ello.

Años más tarde ha logrado ser uno de los contenidos en
audio más escuchados de España, y me ha permitido dedicarme
profesionalmente a ello, dándome oportunidades laborales que
jamás hubiera imaginado y permitiéndome conectar con personas increíbles de todas partes del mundo. No tengo palabras
para expresar lo que aquella decisión supuso para mí. Siento
que encontré mi propósito, a lo que yo verdaderamente estaba
destinada a hacer: comunicar, crear e inspirar, y aunque me ha
hecho falta rodar un poco para llegar a esta conclusión, no puedo estar más feliz de haber seguido mi intuición y mis sueños, de
haber sido genuina y haber decidido hacer cosas que me hacen
feliz, que me llenan, que me ilusionan, porque, en definitiva, en
eso consiste la vida: en vivirla de forma auténtica.

Querida amiga:

Por mucho que pases gran parte de
tus días poniéndote una máscara para
complacer a los demás, tu verdadero
yo acabará saliendo a la luz.

No reniegues de tu verdad,
porque solo siendo
una versión auténtica lograrás
vivir una vida plena y feliz.

Persigue tu vocación, no dejes de hacerlo
por la opinión ajena. Al final
tu vida es tuya y nadie sabe mejor
que tú cómo deseas vivirla.

CRIS BLANCO

Mi nombre es Cristina, pero no me gustaque me llamen así, por lo que todo el mundo me llama Cris. Nacida en 1998 y madrileña, me considero una chica alegre, creativa, bastante pasional y en constante crecimiento y aprendizaje. Soy graduada en Derecho y Administración y Dirección de Empresas; sin embargo, antes de terminar la carrera llegué a la conclusión de que lo que más me gustaba en este mundo era crear y comunicar, poner en palabras lo que siento y pienso, con la intención de acompañar a aquellos que puedan estar pasando por lo mismo que yo. Comencé mi trayectoria en redes sociales, para canalizar lo que tenía dentro, y más adelante lancé mi pódcast *Como si nadie escuchara*; un proyecto audiovisual mediante el cual he logrado cumplir muchos de mis sueños.

Aún sigo intentando descubrir mi destino, pero mientras tanto procuro disfrutar del trayecto e incluso de las veces que pueda perderme durante el mismo.

🄾 @crisblancofdz

Printed in Great Britain
by Amazon